农家书屋促振兴丛书

农民体育健身手册

（扫码看视频）

王凤仙　钱道明　编著

中国农业出版社
北　京

图书在版编目（CIP）数据

农民体育健身手册（扫码看视频）/ 王凤仙，钱道明编著．—北京：中国农业出版社，2019.1（2019.7 重印）
ISBN 978-7-109-25103-8

Ⅰ.①农… Ⅱ.①王… ②钱… Ⅲ.①农民-体育锻炼-中国-手册 Ⅳ.①G812.42-62

中国版本图书馆 CIP 数据核字（2019）第 000478 号

中国农业出版社出版
（北京市朝阳区麦子店街 18 号楼）
（邮政编码 100125）
责任编辑 郭晨茜 国 圆 孟令洋

北京通州皇家印刷厂印刷 新华书店北京发行所发行
2019 年 1 月第 1 版 2019 年 7 月北京第 2 次印刷

开本：880mm×1230mm 1/32 印张：8.25
字数：250 千字
定价：25.00 元

前　言

我国是农业大国，“三农”问题历来受到党和政府的高度重视。目前，发展有中国特色的现代农业，建设社会主义新农村是农业农村工作的重要任务。而广泛开展农村体育健身活动，对增强广大农民体质、丰富业余文化生活、建设文明和谐的新农村将起到积极的促进作用。

2016年8月，习近平总书记在全国卫生与健康大会上强调：没有全民健康就没有全面小康。在2017年12月中央农村工作会议上习近平总书记发表了重要讲话，总结党的十八大以来我国“三农”事业的历史性成就和变革，深刻阐述实施乡村振兴战略的重大问题，对贯彻落实提出明确要求。乡村振兴战略，就是要让农业强起来，让农村美起来，让农民富起来。农业兴则基础牢，农村稳则天下安，农民富则国家盛。只有切实解决好“三农”问题，让农村和城市比翼齐飞、协调发展，才能决胜全面建成小康社会，全面建设社会主义现代化国家。

长期以来，在党中央、国务院的亲切关怀下，有关部门采取切实有效的措施，通过政策引导、竞赛推动和激励表彰机制，农村体育进入了蓬勃发展的新阶段。但是，农村体育仍然是我国体育事业的薄弱环节，农村公共体育场地设施建设严重滞后，城乡差距越来越大。农民日益增长的体育健身需求同农村公共体育场地设施严重不足的矛盾制约着农村体育活动的开展。国家正进一步制订和完善我国农村体育事业发展的规划和政策，如《全民健身计划》《农民体育健身工程》《关于实施农民体育健身工程的意见》《关于推进社会主义新农村建设的若干意见》《乡村振兴战略》，以及开展2018年健康中国行——科学健身活动等，通过这些规划和政策来加大扶持力度，推动农村体育场地设施建设，是当前农村体育事业乃至全国体育事业发展的需要。

为了使农民能科学健身，树立健康新理念，强化“我营养、我锻炼、我健康、我快乐”的意识，特编写了这本《农民体育健身手册》。本书详细介绍了科学健身的原则、方法；营养与饮食；卫生常识；农村常见的活动项目；体育活动后损伤的处理等内容，中间穿插了一些健康小知识，图文并茂，内容浅显易懂，很适合农民阅读。

发展体育运动，增强人民体质，同心共筑中国梦。

编　者

2019年1月

目　录

第一章

农民体育健身工程

第一节　农民体育健身工程建设意义

一、农民体育健身工程的涵义

农民体育健身工程是以行政村为主要实施对象，以经济、实用的小型公共体育健身场地设施建设为重点，把场地建到农民身边，同时推动农村体育组织建设、体育活动站（点）建设，广泛开展农村体育活动，构建农村体育服务体系。

体育场地建设的基本标准是一块混凝土标准篮球场，配备一副标准篮球架和2张室外乒乓球台（图1-1）。

篮球场地

乒乓球场地

图1-1　体育场地建设的基本标准

农民体育健身工程是国家体育总局为推进农村体育发展而实施的公共服务项目之一。项目将成为调整国家财政关系、推进基层治理的重要措施，将有助于推进农村体育事业的快速发展。

图 1-2　农民体育健身工程——聚力惠民

二、农民体育健身工程的提出背景及发展历程

农民体育健身工程是新农村建设的重要组成部分，是保证农村经济社会稳定发展的前提。但它是在什么样的背景下提出来的呢？

为了更深入地实施《全民健身计划纲要》，进一步加快新时期农村体育事业的发展，通过出实招、办实事、出实效，突出以场地设施建设为重点，以形成长效机制为核心，通过举行各种活动来给广大农民群众带来更多实惠，从而增加农民的幸福感、快乐感和满足感为目的，2006 年《中共中央　国务院关于推进社会主义新农村建设的若干意见》《中华人民共和国国民经济和社会发展第十一个五年规划纲要》提出“推动实施农民体育健身工程……”。为了保证工程的顺利实施，加快农村各项体育事业的快速推进，国家体育总局于 2006 年 3 月在全国范围启动“农民体育健身工程”，制定并下发了《关于实施农民体育健身工程的意见》，要求各级体育部门将工程建设作为当前及今后相当长一个时期体育工作的一项重要任务。2007 年 5 月国家体育总局会同国家发展和改革委员会、财政部发布了《“十一五”农民体育健身工程建设规划》，对此做出具体部署，并正式启动了农民体育健身工程实施计划，并要求在实施农民体育健身工程中要坚持“面向基层、服务农民；因地制宜、分类指导；量力而行、注重实效；引导扶持，不包办代替”的原则，做到亲民、便民、利民，真正使广大农民受益。体育设施建设方式是以中央资金引导、地方各级政府投资为主，社会支持为辅，体育彩票公益金配置器材，利用农村公共用地，农民自愿义务投工投劳进行建设。

农民体育健身工程大体经历了三个阶段：

第一阶段，《全民健身计划纲要》颁布，它是农民体育健身工程形成的前提和基础。1995 年国务院最早颁布实施了《全民健身计划纲要》，是国家发展社会体育事业的一项重大决策，是 20 世纪末和 21 世纪初我国发展全民健身事业的纲领性文件。旨在逐步完善群众体育运动竞赛制度，加强对农民、少数民族、残疾人以及各类活动的组织和管理；突出群众体育运动会和竞赛活动的群众性、健身性、民族性、趣味性和科学性。为满足广大人民群众日益增长的体育需求，为纪念北京奥运会成功举办，国务院批准，从 2009 年起，每年 8 月 8 日为“全民健身日”。

内容解读

“全民健身日”是指 2009 年 10 月 1 日起施行的《全民健身条例》第十二条中规定的，应当在当日加强全民健身宣传，积极组织和参与全民健身活动，组织开展免费健身指导服务，向公众免费开放公共体育设施的活动日。具体时间为每年8月8日，既是为了纪念北京成功举办奥运会，也是为了倡导人民群众更广泛地参加体育健身运动。

图1-3　全民健身日宣传图

第二阶段，农民体育健身工程形成阶段。时隔十年，2006年3月国家体育总局提出《关于实施农民体育健身工程的意见》，标志着农村体育健身工程从2006年起全面启动实施工作。2007年国家体育总局、国家发展和改革委员会、财政部联合制订了《“十一五”农民体育健身工程建设规划》，目标是2010年在全国完成10万个行政村农民健身场地设施建设，使全国六分之一的行政村建有公共体育场地设施，并形成一定规模的农村体育组织网络和体育骨干队伍，促进当地农民体育健身活动经常开展，使农村经常参加体育锻炼的人数显著增加。

截至2010年底，全国共投入资金118亿多元，其中中央投资12亿元，地方投资60多亿元，社会投入45亿元建成农民体育健身工程23万多个，使全国三分之一的行政村拥有了公共体育场地设施。农民体育健身工程覆盖率东部地区平均达到60%，中部地区平均达到31%，西部地区平均达到21%，体育场地面积共增加2亿多米^2。

实施农民体育健身工程是社会主义新农村建设中投资最小、见效最快、农民直接受益的一项为民工程。

第三阶段，农民体育健身工程提升阶段。2017年12月29日，农业部、国家体育总局联合印发《关于进一步加强农民体育工作的指导意见》，提出到2020年，实现农村体育健身公共服务水平和乡村居民身心健康水平双提升，农民健身公共服务体系基本建立，从而实现农民体育健身工程行政村全覆盖。农民人均体育健身场地面积达到1.8米^2；实现80%的行政村有1名以上社会体育指导员；农民群众体育健身意识普遍增强，农村经常参加体育锻炼人数比例的增长速度高于全国平均水平。

另外，要坚持“农民主体、创新发展、骨干引领、重心下沉、农体融合”的基本原则，健全农民群众身边的健身组织，建设和利用农民群众身边的场地设施，丰富农民群众身边的健身活动，积极组织开展农民群众身边的赛事活动，加强农民群众身边的健身指导，营造农民身边的健身文化氛围，着力补齐农民体育健身公共服务体系短板，从而有效推动农民体育蓬勃发展，提升农民体育健身工程建设。

三、实施农民体育健身工程的重要意义

我国是一个发展中的农业大国，农业、农村和农民问题历来受到党和政府的高度重视。广泛开展农村体育健身活动，对于增强广大农民体质、丰富业余文化生活、建设文明和谐的新农村有着重要的促进作用。

长期以来，在党中央、国务院的亲切关怀下，有关部门采取切实有效的措施，通过政策引导、竞赛推动和激励表彰机制，我国农村体育事业得到了较快发展。特别是国务院颁布《全民健身计划纲要》（以下简称《纲要》）以来，农村体育进入了蓬勃发展的新阶段。但是，农村体育仍然是我国体育事业的薄弱环节，农村公共体育场地设施建设严重滞后，城乡差距越来越大。农民日益增长的体育健身需求同农村公共体育场地设施严重不足的矛盾制约着农村体育活动的开展。

国家正进一步制订和完善我国农村体育事业发展的规划和政策，抓住社会主义新农村建设的历史机遇，加大扶持力度，推动农村体育场地设施建设，是当前农村体育事业乃至全国体育事业发展的需要。

但我们要清醒地认识到，农民体育健身工程作为新农村建设的具体举措，不仅是为了建设几个体育场馆设施，化解农民日益增长的体育健身需求同农村公共体育场地设施严重不足的矛盾，更重要的是力图通过基本体育场地设施的建设，带动乡镇农村体育组织机构的建立和健全，促进乡镇农村体育骨干的培养，推动新农村建设中农村体育活动的开展，进而促使农民强身健体，更新体育消费观念。从认识上提升，来引导农民建立科学文明的生活方式，有效改善广大农民的体质健康状况，提高生产力水平和生活质量，加快农村城镇化和现代化进程，使和谐社会建设的基础和基层政权更加牢固，从而实现城乡的全面协调发展。

第二节　农民体育健身工程对新农村建设的作用

一、社会主义新农村建设的涵义

社会主义新农村建设是指在社会主义制度下，按照新时代的要求，对农村进行经济、政治、文化和社会等方面的建设，最终实现把农村建设成为经济繁荣、设施完善、环境优美、文明和谐的社会主义新农村的目标。

2005 年 10 月 8 日，中国共产党十六届五中全会通过《“十一五”规划纲要建议》，提出社会主义新农村建设的要求、意义、政策等，通过典型实例，来扎实推进社会主义新农村建设。

建设社会主义新农村，是我国一项重大的历史任务，是党中央为明确落实科学发展观、建设社会主义和谐社会全局出发而做出的

图 1－4　社会主义新农村宣传

重要战略部署，是我国现代化发展进程中的重要举措，是有效解决“三农”问题的重要举措，可有效提升农村的文明程度和农民的文明素养，形成和谐的人际关系。因此对于约 13 亿人口中占有约 9 亿农民的中国人来说，推动社会主义新农村建设有着特殊的重要意义。

图 1－5　社会主义新农村的学习读本

拓展阅读

《中共中央　国务院关于推进社会主义新农村建设的若干意见》共32条，分8部分，约12 000字。包括统筹城乡经济社会发展，扎实推进社会主义新农村建设；推进现代农业建设，强化社会主义新农村建设的产业支撑；促进农民持续增收，夯实社会主义新农村建设的经济基础；加强农村基础设施建设，改善社会主义新农村建设的物质条件；加快发展农村社会事业，培养推进社会主义新农村建设的新型农民；全面深化农村改革，健全社会主义新农村建设的体制保障；加强农村民主政治建设，完善建设社会主义新农村的乡村治理机制；切实加强领导，动员全党全社会关心、支持和参与社会主义新农村建设。

二、社会主义新农村建设与农民体育健身工程之间的关系

（一）新农村建设促进了农村公共体育设施建设

农村的经济发展相对缓慢且基础相对薄弱，导致农村的公共设施建设包含体育公共设施的建设赊欠偏多，与城市社区之间有较大差距。国家建设社会主义和谐社会，加强对社会主义新农村的建设力度，重视发展农村的文化体育事业，加大了对于农村公共基础设施与农村公共体育设施的投入。农民体育健身工程的实施，促进了农村体育健身场地的建设，为农民体育健身活动的顺利展开奠定了物质基础。

（二）农民体育健身工程促进了新农村建设发展

在领先富裕起来的农村地区，村民的生活水平有了明显的提高，解决了温饱问题，农民也希望能够像城市中生活的人们一样，拥有丰富的精神文化生活，提升生活品位和生活质量。不管是政府开展农民体育健身工程所投入的，还是行政村依照自己的经济情况自主建立的，已经具备较好体育健身设施的行政村，将体育场地设

施作为媒介，开展了许多丰富多样的文化娱乐及体育健身活动，促进农民健康身体素质的提高和精神文化生活的丰富，使他们能够与邻里之间和谐相处，保持愉悦的心情，以饱满的精力投入到生产和生活中。建设新农村的主体是农民，只有具备健康身心素质的农民，才能够在农村的经济发展建设中发挥作用，保证新农村建设重要任务的顺利完成。

综上所述，社会主义新农村建设与农民体育健身工程之间有着相互促进，相辅相成，共同进步，共同发展的紧密关系。

三、农民体育健身工程在社会主义新农村建设中的重要作用

（一）新时期体育工作发展的全新道路

农民体育健身工程的顺利开展，给未来体育工作的全面进行带来了启示，开辟了一条新的发展出路，不仅使体育由竞技运动向全民健身方向及城市向农村体育的拓宽发展速度变快，增进了区域体育、城乡体育和人群体育之间的相互协调发展，而且促进了农村体育健身工作的更深一步推进，使农村的村容村貌与民俗乡风得到更深刻的改变，变成新时期建设社会主义新农村进程中独特之处。

（二）能够为农民谋利益、办实事的工程

农民体育健身工程是能够为广大农民谋取权益且利国利民的一项办实事的工程。我国一直是一个农业占比较大的国家，农业兴盛则经济基础强大，农民富裕则国家强盛，农村稳定则社会安定。因此，“三农”问题一直以来都是影响到党和人民的事业顺利发展的关键性且关乎全局的问题。

随着农村经济的增长和农民物质文化生活水平的提高，促使那些已经富起来的农民业余时间增多，对体育文化活动也有了很大的需求，广大农民在追求生活水平小康的同时，也对身体健康水平有了更高要求。只有广大农民的生活水平达到小康标准，才是小康社会全面推进的重要体现；只有广大农民参与的体育健身，才是体育

健身全民化发展的重要标志。农民体育健身工程的顺利开展，满足了广大农民身心健康发展的需求。

（三）有助于民族传统体育项目的传承

在全国的农村范围内进行文化体育活动，能够受到农民追捧的且参与人数众多的就是那些乡土气息浓郁、有着民间本土特征的传统体育项目，如秧歌、舞狮、武术、龙舟、扇舞和腰鼓等。这些民间的本土项目在农村范围内广泛地流传，受到了广大农民的喜爱，有着较为深厚的群众基础。这些项目同时具备体育与文化的双重性特征，大多数的本土民俗活动都具有体育因素在里面，还有一些项目被纳入了民间体育项目的行列，受到广大农民认可和追捧的武术项目还是我国的民族传统体育项目。这些具有民间本土特色的体育项目具有内容丰富、形式多样、简单方便、容易实行的普遍特点，且资金投入较少，与农民的生产和生活有着密切的联系。

（四）有助于农民健康生活水平的提高

世界卫生组织对于健康包括身体和心理方面定义，已经得到了人们的认可与接受。身体是进行一切行为活动的基础。农民的身体健康是农民的首要素质，是进行生产生活活动的保障。所以，大范围地进行农民文化体育活动，对于农民身体素质的增强有重要的促进作用，能够有效地提升农民的身心健康水准，使农民能够精力充沛地投身到生产活动中，进而促进生产力的进一步发展。

（五）有助于增进农民的社会交往

体育活动的主要作用之一就是能够融洽社会情感、促进社会的交往。体育活动的社交功能不但体现在我国竞技体育事业的对外交往中，而且也能在农村体育活动中展现出来。农民广泛进行体育文化活动可以促进村民的社会交往，使村民间的感情更加融洽，建立良好的人际关系。

研究结果可知，不管农村的经济水平如何，农民体育健身活动对于农村的精神文明建设，增进农村村民间关系和谐与经济发展等都有着十分重要的意义。农民体育健身是建设社会主义新农村的重要组成内容，农民健身体育工作的顺利展开，不仅能够促进农村的精神文明建设，农村社会的和谐发展，还能够加快农村的经济发展步伐，对于生活富裕和生产发展的社会主义新农村建设目标的顺利完成有着较为深远的意义。

总之，农民体育健身工程的建设，改善了农民群众参加体育健身活动的条件，美化了农民群众的生活环境、丰富群众文体生活，有力地推进了全民健身公共服务体系的建立和全国群众体育事业的发展，突显了体育的社会功能和政治功能，为社会主义新农村建设做出了重要贡献，大大促进了社会主义精神文明建设和体育文化事业的发展。

第三节　精准扶贫背景下农民体育健身工程实施中的建议

一、精准扶贫的涵义

精准扶贫是粗放扶贫的对称，是指针对不同贫困区域环境、不同贫困农户状况，运用科学有效程序对扶贫对象实施精确识别、精确帮扶、精确管理的治贫方式。一般来说，精准扶贫主要是就贫困居民而言的，谁贫困就扶持谁。

当前，全国上下都在精准扶贫，但要知道，精准扶贫，必须健康先行，没有全民健康就没有全民小康。国家一直在加大对农村体育事业发展的扶持力度，实施农民体育健身工程，大力推进农村体育场地设施建设。2020 年提出要实现行政村健身设施全覆盖。

近几年，精准扶贫农民体育健身工程建设取得了很大成绩，健身场地、器材、资金等方面力度很大，为广大农民群众开展体育健身活动创造了良好的条件，有力地促进了社会主义新农村建设。但任何问题都要用辩证的观点来看，虽然精准扶贫农民体育健身工程建设取得了很大成绩，但在实施过程中还存在着一些问题。

图1-6　精准扶贫宣传

二、精准扶贫背景下农民体育健身工程实施中的问题探析

（一）工程选址不大周全

虽然农民体育健身工程一直在推进，但从全国范围来看，农民体育健身设施的覆盖面仍然不广，东、西部差异仍然较大。东部经济发达地区建成数量多且工程质量高，西部经济欠发达地区建设数量和质量稍差。从工程选址上看，存在着近郊地区数量较多，远郊地区较少的现象。距离满足广大农村群众的健身需求还很远，对农村体育工作的整体推进仍有影响。

（二）认识不到位

少数省（区）政府部门对农民体育健身工程建设认识不足，领导思想上存在偏见，尤其是一些西部地区“等、靠、要”思想较严重，缺乏主动性，基层的建设积极性没有充分调动，对工程建设有影响。

（三）多部门缺乏沟通

农民体育健身工程建设是体育、发展改革委员会、财政部门间合作建设群众体育场地设施工作的探索，地方部门间的合作没有完全形成和谐有效配合的局面和联动机制，一些项目立项、建设过程和资金拨付环节仍然存在工作关系脱节以致延误工程的问题。许多地方缺乏资源整合、统筹规划意识，规划、体育、文化、教育等部门没有形成合力共同谋划建设。

（四）农村体育骨干体系不完善

农村基层体育组织建设、体育骨干队伍培养、体育活动开展等后续工作没有完全跟进，体育活动的组织和科学健身指导成为农村体育工作深入开展的瓶颈。

三、精准扶贫背景下农民体育健身工程实施中的改进策略

（一）工程选址要考虑周全

在工程选址方面，要多实地调研，考虑大多数农民的实际情况，来满足广大农民的健身需求，从而整体推进农村体育工作。另外，在农村体育活动的内容选择上，一要因地制宜选择农民喜闻乐见、参与程度高的体育活动项目，有效利用健身工程的场地设施，常规性开展篮球、乒乓球、羽毛球、排球、台球、武术等体育健身和竞赛活动。二要建立农村“特色”体育内容体系，利用农闲和传统节日，将体育活动与农民的生产劳动相结合，把趣味与常规竞技项目结合起来，如跳绳、踢毽子、拔河、挑水、搬运重物、自行车载物、掰手腕等。

（二）强化思想认识

农民体育健身工程是一项惠民利民工程，在建设过程中要高度重视，提高认识，加强领导，派专人负责该项工作，严把质量关，从而加快推进全民健身公共体育服务基础设施建设，不断丰富人民群众精神文化需求，提高群众身体素质和健康生活质量，促进人的全面发展和社会和谐进步。

（三）尊重农村体育发展的规律，促进发展模式的多元化

我国农村体育的发展，应倡导农村传统体育项目与现代体育有机结合、相互融合的形态。农民体育健身工程建设，需要以农村体育文化为依托，以居住地群体农民的特征为导向，将农民体育健身工程有效契合地方体育发展实际，促进农村体育发展和文化传承，保持地方体育文化的多元化、民族化和本土化。

挖掘和创新民族、民间（民俗）传统体育内容体系。那些植根于地方文化之中的传统体育、乡土体育不仅具有很强的健身价值，而且在农村传统节日中能增添节日的喜庆气氛，丰富村民的精神文化生活，突显体育文化娱乐在构建和谐农村中的作用，是加快“乡风文明”建设的一条重要途径，同时对继承和弘扬中华民族传统体育文化，保护濒临消失的民族、民间传统体育项目也具有重要的意义。

（四）培养农村体育骨干体系

1. 制定相应的优惠政策。引导和鼓励高校社会体育专业的学生到乡镇等基层组织就业，进一步充实农村体育指导员队伍和提高农村社会体育指导员的综合实力。

2. 有针对性地采取定期、定向等多种形式，加大对农村具有较高文化程度的体育爱好者和热心人等体育骨干的培训力度，使广大农村体育主体力量的培养能“从群众中来，到群众中去”。真正体现“亲农”、“便农”和“近农”指导思想。

3. 结合“文化中心户”“文化协管员”建设，整合资源，通过捆绑式的培训，努力将其培养成农村体育的中坚力量。

4. 农业部门要将培养农民体育骨干人才纳入实用人才带头人和大学生村官示范培训、新型职业农民培育工程和农业广播电视学校教育中，创新培养方式方法，充分发挥互联网等现代信息化手段，利用空中课堂、固定课堂、流动课堂和田间课堂，采用线上线下混合教学方式，以农村基层干部、大学生村官、农民合作社领办人、农业企业经营管理者、农民体育积极分子等为重点，努力培养一支爱体育、懂健身、会组织的农民体育工作队伍。

第二章

社会主义新农村体育活动发展概况

第一节 我国新农村体育现状及改善措施

一、新农村体育的涵义

“新农村体育”是针对以往农村体育的改造、开拓与发展的体育，也是对以往农村体育内涵的深化、外延的拓展。它是指在建设社会主义新农村的大背景下，广大农民为提高生存和生活质量，在农闲或劳作休息时开展的以身体练习为基本手段的体育娱乐活动。它是以提高农民身心健康水平、丰富农民精神文化生活、促进社会主义物质文明与精神文明建设为主要目标的群众性体育活动。它有广义和狭义之分，广义的新农村体育是指农村竞技体育、农村学校体育、农村群众体育三部分组成。狭义的新农村体育是指农村群众体育。我们说的主要是农村群众体育。

二、新农村体育发展现状

我国农村幅员辽阔，地域面积非常广，由于受地域特点的影响，在不同的农村地区，会形成不同的体育活动方式。

（一）长期形成的具有地方特色的项目

在农村，有些体育项目具有浓厚的地方特色，是长期形成的人们喜闻乐见的项目，有很强的凝聚力和向心力。

1. 一些民族、民间特色体育项目，如江南地区的舞狮、赛龙舟、抖空竹，苏北里下河地区的莲湘等。这些极富民族特色或地方特色的民间体育项目，是农村体育最富生命力的表现形式。它蕴含着浓郁的地方文化特色，形成了农村体育非物质文化遗产，它是新农村体育的重要形式之一。

赛龙舟

舞狮

图 2-1　具有地方特色的体育项目

2. 新农村体育包含一些传统球类项目。篮球作为一项全世界最风行的运动之一，也深受广大农民的喜爱。这个项目由于对场地器材要求不高，简便易行，在某些农村地区有着广泛的群众基础。如江苏海安北凌乡，最初就是由当时的书记带领农民用木板自制了篮球架开展了篮球活动，并自此形成了长达 50 余年的农村体育传统。江苏丹阳是著名的农民篮球之乡。广东梅县出现了许多“足球世家”和“几代球迷”，这样的“体育之乡”不断涌现。

海安体育中心每年要举行多场篮球赛，比赛规模和影响力越来越大，水平也在不断提高。举行赛事旨在开展群众性的体育运动，带动更多群众加入全民健身行列，使人们享受“篮球盛宴”，从而助力推动海安文体事业的发展，造福当地人民。

3. 传统武术活动也是在农村较受群众欢迎和喜爱的体育项目。当前全国涌现了一批武术之乡，如河北沧州、河南陈家沟、福建石狮、江苏沛县等。其中河南温县与登封市、河北沧州从全国88个“武术之乡”中脱颖而出，喜获“最受全球网民关注的中国武术之乡”荣誉称号。

河南温县陈家沟是全国乃至世界有名的武术之乡，几百年来，习练太极拳之风甚盛，妇孺老幼皆练，当地流传的谚语说：“喝了陈沟水，都会跷跷腿”“会不会，金刚大捣碓”，形象地反映出当代习练太极拳的情形。这种风气世代沿袭，经久不衰，使得陈家沟历代名家辈出。

太极拳是东方文化的一种符号象征，继承和保护太极拳，对于弘扬我国传统文化、提高人类生活质量、弘扬民族传统美德、增强社会凝聚力、构建和谐社会等都具有十分重要的意义。

（二）新农村体育在各地区发展不均衡

任何事物都具有两面性，都要一分为二看问题，其中既有积极因素，也暗浮着消极因素。从辨证论的角度看问题，国家出台了一系列政策支持各省市县乡村大力发展农村体育事业，并逐年加大对农村体育设施的投入。可以说，从宏观层面看，我国的农村体育事业发展态势较好。然而，在微观层面却不可避免地存在这样或那样的难题。比如，政策的进一步落实和专项资金的合理配置，农民以耕作代替健身的理解偏差等。在我国各项体育事业之中，农村体育事业整体发展还是处于低水平、不全面性与非均衡发展的格局中，这与我国经济社会快速发展的步伐和新时代的要求相比，仍然存在着不小的差距。

农村大部分地区的地理条件还是很差的，农村经济基础薄弱，严酷的生产生活条件和落后的生产方式严重地制约着经济社会的持续发展。有些偏远、西部农村等经济欠发达地区体育基础设施跟不上，这些地方的农民虽有健身需求，但由于经济发展的滞后，客观条件难以跟上，导致农民的体育需求难以得到基本满足，农民体质健康状况欠佳。尤其是贫困地区、边远地区、少数民族地区贫困现状是客观存在的（图2-2），要深度脱贫，需要大家扶一把，伸出援助之手，来共同努力。

土房子

教室

图 2-2　一些贫困地区的现状

(三) 农民对体育锻炼的认知程度不高

现在农村出去打工的人非常多，且大都是中青年，留下的大部分是 55 岁以上的大人及小孩。大人忙于耕种、生活，因此对国家制定的相关体育政策了解很少，如《全民健身计划纲要》《中共中央　国务院关于推进社会主义新农村建设的若干意见》《关于实施农民体育健身工程的意见》《“十一五”农民体育健身工程建设规划》《关于进一步加强农民体育工作的指导意见》等，这些体育政策有很多都与农民、农村息息相关，但政府有关部门如果缺乏有力的活动宣传及组织，很容易导致农民在锻炼认知上的不足，认为这些政策都是事不关己，从认识上没有引起重视，就出现了即使遇到下雨天或农闲季节，有些人也选择了麻将、扑克等业余活动。

（四）农民普遍文化素质低，体育健身宣传难度大

农民的文化素质反映我国农民整体水平的基本素质，要造就新型职业农民，就需要良好的教育和文化水平。西部大开发以来，我国政府对西部农村教育程度的提高，以及党的教育方针在农村的贯彻落实，使广大农民的整体文化素质有了较大提高。农民的文化素质低，已经不能适应现代化农业和新农村建设的需要。而且，农村经济基础薄弱，教育水平相对落后，农民的思想陈旧，发展的理念、措施以及精神风貌相对落后，再加上有些领导对贯彻文件落实精神缓慢，缺乏重视，体育宣传工作不到位，致使体育普及工作滞后。在农村，很多人有这种想法：“劳动可以代替体育，劳动就是体育”。天天劳动就是每天在开展体育活动，搞体育活动就是出汗的活，劳动也是出汗的活，所以参加劳动就是搞体育活动，而不需要额外参加体育活动。有些老人即使花钱买运动服、运动器材也是为了孩子而买的，专门为自身体育健身而买的人并不多见。

上述因素必然会导致新时期体育在农村中的宣传、推广、普及工作的难度加大。当前，乡镇广大农民对农民体育健身工程了解并不多。

（五）农村人口流动频繁，体育锻炼主体力量削弱

建设社会主义新农村离不开有文化、懂技术的新型职业农民，但近几年来进城务工成为时尚，从动态上看，农村人口流失严重，每年都有大量的农村劳动力转移到外地，打工族携妻带子外出渐成趋势，农村出现越来越多的留守老人。在外出的劳动力中，中青年

劳动力占绝大多数，而且这些人的素质相对而言普遍高于农村劳动力，他们本应是农村体育发展的核心力量，但他们常年奔波在外，无形中削弱了农村体育的主体力量，在一定程度上影响着新农村体育事业的发展。

（六）农村基础体育场地设施缺乏

农村体育基础设施是农村体育开展的物质基础，是农村体育发展的载体，也是农村体育资源的重要组成部分。大部分农村可以开展体育健身活动的场所、设施数量少，受经济发展水平等一些因素的影响，不同地区的场地设施资源也不均衡。虽然近几年随着国家对农村群众体育工作的逐渐重视以及新农村建设中对农村基础设施的不断完善，农村的体育场地设施建设取得了长足的进步，2006 年提出了“推动实施农民体育健身工程”建设，体育场地建设的基本标准是一块混凝土标准篮球场，配备一副标准篮球架和 2 张室外乒乓球台，但这远远满足不了村民们开展体育活动健身的需要，经费不足、场地缺乏是主要原因。

（七）缺乏体育专业指导人才

到目前为止，全国各地新农村体育由于受经济因素的影响，体育发展现状不一，人们对体育与健康的认识参差不齐，高校体育类专业人才的培养目标与当前我国农村体育发展现状结合性低，导致大量的体育专业毕业生纷纷涌向教师或者是从事其他岗位。而与此同时农村体育发展没有引起地方政府的足够重视与支持，农村体育指导人才紧缺，这对新时期农村体育发展带来了巨大的挑战。

（八）村庄重组导致机构人员缺乏，管理混乱

村庄重组使得新农村体育面临新的挑战，首先表现在管理机构上，精简机构，压缩人员，节约开支，于是体育机构不但没有增强，相反经合并重组后逐渐削弱，以前的乡镇文体中心都不复存在了，只设立文化服务中心，相当于一个中介服务机构，属于社会性服务组织，工作人员也相应减少，一个人身兼数职，其监管体育

的精力和效果可想而知。体育机构改革后，省市和基层体育呈现出一种倒金字塔的管理体制，上级体育组织机构向下开展工作时，因农村体育在基层没有立足点，管理渠道不通畅，导致上级政策在基层无法落实，这样一来体育工作就无法延伸到乡镇和农村。现今，体育部门被划分到文化卫生部门后，划归乡镇统一管理，上级体育部门无权干预，乡镇体育与县市级管理部门严重脱节，缺少交流、沟通和监管，不能联手共抓农村体育。因此，体育机构的重组不利于当前新农村体育的发展，也导致农村体育备受冷落。

三、新农村体育建设的改善措施

我国提出了要到2020年使现行标准下的农村贫困人口实现脱贫，要坚决打赢脱贫攻坚战，这是很艰巨的任务。新农村体育建设要想持续稳步发展，它是由多方面因素决定的。

（一）保护农民切身利益，加强民主管理，加大环境整治力度，实施全方位、多层次的新农村建设——实现“乡风文明、村容整洁、管理民主”

通过调动农民生产积极性、提高基层干部素质，建设和谐新农村并解决环保问题，真正体会青山绿水就是金山银山，从内心真正意识到它的重要性。

（二）发挥村民委员会在新农村体育发展中的作用并明确其地位，文化与体育部门联手共建乡镇文化体育工作站

文化体育工作站要把体育工作摆在相应的位置，文化程度低下也影响农民正确的体育观念的形成，村民委员会义不容辞的职责是做到文化体育工作一起抓，组织开展体育活动。因此，发展新农村体育、改变农民健身观念，舆论要先行，要重视农村基层文艺和体育骨干的影响示范作用，加大政策与健身知识的宣传，要通过墙报展示、录音录像、广播、电视等直观性宣传手段，考虑到村民的生活水平，带动村民树立健康就是财富的观念，在农村地区形成一个

良好的健身环境。

（三）建立多元融资体系，加大经费投入，大力发展新农村体育基础设施。新农村建设不能单靠政府、靠国家，要转变观念，多方融资

首先，从上层来说靠政策，党的十九大明确提出，要深入推进新农村建设和精准扶贫，全面改善农村生产生活条件，加大强农惠农的政策力度。其次，各地方要靠自立。要积极想办法，利用体育彩票、体育旅游、企业赞助等形式，来加强资金的筹措，加强农村自身造血能力的发展，利用各种渠道，扩大经费来源，巩固和发展农村体育文化和体育设施建设。

（四）加强乡镇体育骨干队伍建设，注重引导和扶持

新农村体育文化事业的发展，离不开有知识、有文化的劳动者。要发挥骨干带头作用，典型引路，以点带面是开展群众体育工作的重要手段。抓好农村基层体育可以先从经济较富裕的乡镇和有体育传统习惯的乡镇抓起，滚动发展。积极推广典型地区，以典型带动一般，以先进促进一般。

要进一步加强农村体育人才建设，尤其是农村体育教师队伍建设，要以优惠政策吸引体育专业学生到农村体育部门就业，发挥体育积极分子、高中和初中毕业回乡青年的骨干作用，为农村培育人才。要充分发挥体育主管部门的职能作用，构建培训体系，积极培训体育骨干，通过体育骨干牵头，成立各项农民体育协会、老年人体育协会，负责管理一些晨练、晚练健身点。同时，要求各级各类体育组织把体育工作的重心落到基层，落到实处，体现出亲民、便民的宗旨，做到家喻户晓，人人参与。

（五）整合农村学校体育资源，实现资源共享，促进农村体育发展

首先，近年来随着科教兴国战略和希望工程的实施，农村学校体育的办学条件有了较大的改善，软、硬件设施发生了很大变化，与此同时农村数百万教师经过“国培计划”回炉深造后，师资水平有了明显提高。所以，可以借助农村学校资源开展农民体育活动，实现资源共享，是目前实现多、快、好、省地开展农村体育的捷径。在农村体育资源非常匮乏的情况下，学校体育与农村体育双向结合不仅是人力物力的相互有效利用，使农村体育发展中的诸多问题得以解决，而且对体育文化、体育知识的传播具有十分重要的意义。严格开展好农村学校体育工作从某种意义上说是发展农村体育中影响最为深刻、最为成熟，培育终身体育观念意识最为有效的途径。其次，我国有比较健全的教育体系，基本上每个农村家庭都有成员在学校接受教育，由于传统思想的影响，对于来自学校的声音，农村家庭往往比较相信，这给传播全民健身思想、培养全民健身体系提供了强大的支持。所以，要大力实行学校体育与农村体育相结合，走学校体育和农村体育两手都要抓、两手都要硬的新农村体育建设之路。

（六）建立农村体育内容体系

一是将现代时常体育活动如篮球、乒乓球、羽毛球、广场舞、交谊舞等丰富多彩的项目向农村普及，大力传播现代文化体育活动，营造良好的体育氛围，实现新时期全民健身。二是继承和创新民间传统体育内容体系。通过继承和创新来推动新农村体育的发展，如将体育活动与生产活动相结合，把趣味性与常规性竞技项目结合起来，常见项目有50米拾西瓜、背化肥、挤气球、夹乒乓球、掰玉米、套圈比赛，使体育文化活动更为多样化。通过开展多种特色传统体育项目活动，形成以重点带全面，以典型带一般，以精品推普及的农村体育活动新局面。

发展新农村体育，应以经济建设为中心，以发动、组织、引导为主要形式，扩大体育健身功能的影响，以提高农村人口素质、满足农村体育需求为主要任务，以推动全民健身计划纲要为契机，进一步推动农村群众性体育活动的发展。

总之，新农村体育工作任重道远。在新时代，新农村体育工作要脚踏实地、务实苦干，拿出三股劲精神，即“亲劲、韧劲和拼劲”，不久的将来，新农村将会是蓝天白云，金山银山。

四、未来新农村体育活动项目的发展趋势

新农村体育，农民是活动的主体。随着新农村体育逐步推进，人们生活质量渐渐提高，以及耕地面积的减少、机械化的省工省力，农民将会腾出更多时间健身。因此将来在农村会产生一些新的活动项目，如旅游体育、休闲体育等来充实农民的生活。

图 2-3　体育旅游渐成生活新时尚

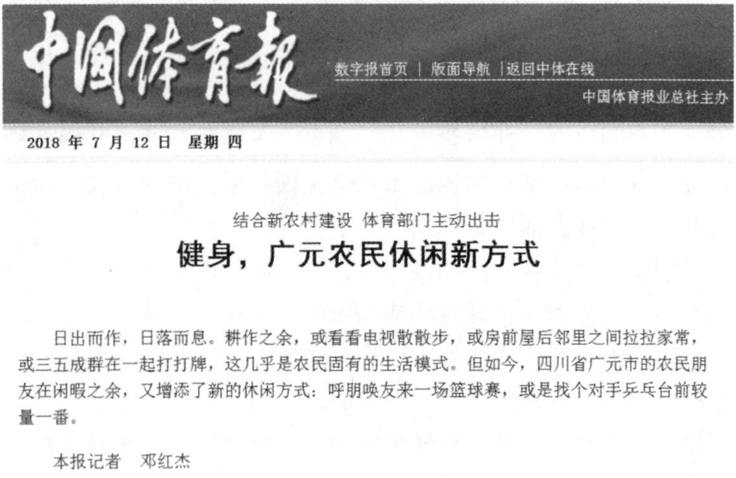

中国体育报

数字报首页 | 版面导航 | 返回中体在线

中国体育报业总社主办

2018 年 7 月 12 日　星期 四

结合新农村建设 体育部门主动出击

健身，广元农民休闲新方式

日出而作，日落而息。耕作之余，或看看电视散散步，或房前屋后邻里之间拉拉家常，或三五成群在一起打打牌，这几乎是农民固有的生活模式。但如今，四川省广元市的农民朋友在闲暇之余，又增添了新的休闲方式：呼朋唤友来一场篮球赛，或是找个对手乒乓台前较量一番。

本报记者　邓红杰

图 2-4　健身成为广元农民休闲新方式

四川省广元市体育局党组书记罗全生说：近年来结合新农村建设，体育部门主动出击，在农民新居规划、建设等过程全程参与，新居建到哪里就把体育场地和器材送到哪里，现在全市建设村级农民体育健身工程 1 489 个，乡镇农民体育健身工程 21 个，社区多功能运动场 8 个，健身路径 540 条，成为千山万壑大山中农民的健身乐园。

图 2-5　休闲体育

第二节　新农村农民体育健身意识培养

一、体育健身意识和体育价值观念的涵义

（一）意识

在心理学中定义为人所特有的一种对客观现实的高级心理反应形式，是具体事物的存在、运动和行为表现出来的普遍性规定和本质，是每个具体事物普遍具有的自主、自新、自律的主体性质和能力。一般认为意识是人对环境及自我的认知能力以及认知的清晰程度，是人脑对大脑内外表象的觉察。

（二）体育健身意识

指人们在参与体育健身活动过程中对体育健身及其重要性的认可，以及由此产生的思想观念、心理活动的总和。它包括对体育健身的认识与理解；体育健身参与意识、竞争与合作意识、奉献与效

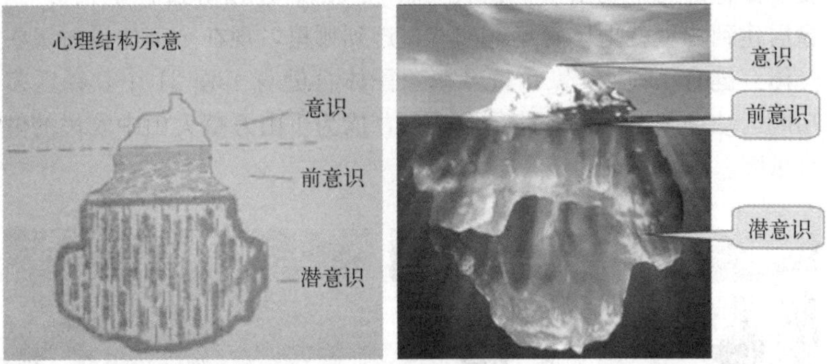

图 2-6 心理结构示意

率意识和终身体育意识等。一个具有强烈体育意识的农民对体育会产生浓厚的兴趣，成为激发其身体锻炼的动力。

（三）体育价值观念

体育的价值在人们头脑中的反应，或者说是体育价值的基本观点，是指导人们对体育问题做出价值判断和价值取向的基本原则。

德国医学博士范·阿肯说：“在我们这个社会里只要有钱，就能买到你想要买的东西，但只有一样东西你买不到，这就是健康，健康的得来需要付出一定的代价——顽强的意志、克服贪图安逸的惰性、艰苦地锻炼和流汗。”运动的作用可以代替药物，但所有的药物都不能代替运动。体育运动已成为现代人生活中不可缺少的重要内容，是健康长寿的一大法宝，养成运动能力和习惯是终身健康的投资。前国家排球队长惠若琪，大家应该非常熟悉，她经历了两次心脏手术和常人难以忍受的康复过程，在 2016 年作为队长带领中国女排勇夺里约奥运会金牌，重回世界之巅。就是这位坚强的排球队长，在新婚后的第七天，就到云南西部边陲的龙陵县，给尹兆场小学的孩子们送去图书，为他们上了一节精彩地排球课。她说：“未来我会以‘体育公益人’的身份继续为中国体育事业、公益事业力所能及地贡献自己的力量。”我们坚信，她的体育价值观念将会产生正能量，产生联动效应，带动更多人投身到体育事业，投身到新农村体育建设中来。

当下，体育价值观念是推动体育发展的核心问题，是影响农村村民参加体育活动的重要因素。在农村随机问一些村民，“你平常喜欢哪些运动项目?”“你是否经常锻炼?”“劳动等同于体育锻炼吗?”“你体育消费如何?”等，大都回答是这样的：平常没时间锻炼，整天忙得很，如锻炼也是走走步，在健身器上活动活动，在购买体育用品上消费不多，认为天天劳动基本上就是锻炼，没有必要非得占用一定时间去锻炼。这说明在体育的价值观方面还有相当一部分人存在着较大的误区，这是影响农民参与体育锻炼的根源所在。

二、农民体育健身意识现状

目前，随着农民体育健身工程的深入，农村的“精、气、神”较 5 年前相比，有了很大改观，但和快速发展的经济相比，是无以言语的，农村的整体体育发展速度还是很缓慢的。这是多方因素造成的，如自身原因、经济原因、引导原因等。农村的发展归根结底是农村居民的发展，没有农村居民科学文化素质的提高，新农村建设注定是空中楼阁。农村居民的文化素质低下和农村社会经济发展的落后形成了互为因果的关系。当前，一些较偏远的山区，农村娱乐设施和娱乐方式匮乏，使得很大一批居民整日沉迷于打麻将等不良活动当中。农村文化落后，不仅禁锢了农民的思想，也扭曲了部分农民的体育观念。许多农村调查显示，一些农民在健康问题上，首先想到的是通过吃药、补充营养、吃保健品等方式来增强体质。不参加体育活动是因为“没病就是健康”“健身活动搞不搞都一样”“天天劳动，无需运动，干活都没有时间，哪有时间去运动”“认为体育活动都是城里人做的事情”，这样的思想根深蒂固，阻碍了农村体育推进的步伐。

知识拓展

干农活就是体育锻炼吗?

大家可能听说过这句话:“我们天天干农活就是锻炼身体了，随时都在运动，还要怎么锻炼啊?”这是很多村民的见解。其实不然，这种想法是错误的，或者说是片面的。

干农活可以起到一定体育锻炼的作用，但长期单一的体力劳动只是某一部分肌肉活动多一些，而另外一部分相对活动就少一些，也就是肌肉活动具有局限性。农事劳作可以解除精神紧张，可消耗多余的热量，避免过多的热量转变为脂肪，从而降低血脂，但是生产特点和劳动方式决定了体力劳动大多表现为一种单一的重复运动，长年累月很容易使人感到疲劳甚至患上职业病。如长期单调的弯腰动作，容易导致腰肌劳损；长时间站立劳作，容易导致下肢静脉曲张；长时间蹲着，容易损坏膝关节。而体育锻炼则是全身性均衡协调地运动，不仅可以使全身肌肉得到匀称的锻炼，会增强人的心肺功能，还有助于消除疲劳、增强体质，防止职业病的发生。同时，体力劳动者可能是在嘈杂、污浊、高低温等不利于健康的环境中进行，而体育锻炼则可选择清新宁静、有利于健康的环境中进行，所以说两者是不能等同的，干农活不能代替体育锻炼。

图 2-7　长时间弯腰或蹲着干农活

三、如何培养农民的体育健身意识

（一）加大对体育健身知识和信息的宣传力度

首先，体育主管部门应加大对全民健身政策和科学体育健身知识的宣传力度，使农村营造出科学浓厚的体育健身环境和氛围，提高人们对体育锻炼概念、功能及重要性的认知水平，进而增强他们的自我健康意识及积极主动参与健身的意识。其次各级政府及宣传部门应充分利用好电视、报纸、杂志、广播、墙报、村支部宣传栏及定期举办体育知识讲座等形式，多角度积极传播体育健身对人们身心健康的意义和作用，为农民参与体育健身建立舆论支持，使他们逐渐建立起“自我健身”的观念，不但能够积极主动参与体育健身活动，还能以合理的体育观念影响和带动其他人一起参与体育锻炼。另外，各地区体育行政部门或体育协会首先要转变观念，理解、认知体育的本质、体育文化和体育精神的内涵。在此基础上，利用地方传统节日、农闲季节，以“文体搭台、经济唱戏”等形式促进农民对体育文化的理解、对体育健身功能和体育经济价值的认知，引导农民健康生活、健康消费。

跟我一起读

你熟知健身宣传名言吗？随我一起读一读吧：

1. 全民健身你我同行，我运动我健康我快乐。
2. 健身使你满面春风，健康使你满脸笑容。
3. 每天锻炼1小时，健康生活一辈子。
4. 运动改变生活。
5. 科学健身，你我同行，适量运动，快乐生活。
6. 生命在于运动，成功在于拼搏。
7. 全民健身，增强体质，成就健康，创造和谐。
8. 全民健身，利国利民，功在当代，利在千秋。
9. 发展体育运动，增强人民体质，同心共筑中国梦。
10. 把握健康，从了解自身开始。

（二）加强农村体育骨干的培养，提高农民体育锻炼的水平和效果

由于农村居住地广、人员分散、需求多样化，仅靠乡镇极少数体育专职人员开展活动是不现实的。有专家指出："社会体育指导员的数量、规模和质量是影响全民健身工程的瓶颈"。因此，体育行政部门应有计划地帮助农村培养足够数量和一定质量的社会体育骨干、体育指导员和积极分子，将乡镇企业职工、退伍军人、乡村干部、教师或一部分富裕起来的农民或有文化、有体育发展思路的文体专业人员作为培养对象，以确保农村地区能经常开展体育活动。农村体育骨干的任务是宣传体育，组织体育活动，提高广大农民体育健身意识，倡导、培养健康文明的生活方式，组织农民进行体育锻炼并分类进行指导，提高农民体育锻炼的水平和效果。

（三）解放旧的传统观念，强化健身意识

在农村，由于受传统的生活和耕作方式使农民处于相对封闭的环境中，一些守旧的思想观念在农民的意识形态中根深蒂固。还没有锻炼，就有一连串的问题在等着。这些问题困扰着人们的健身需求，导致迟迟行动缓慢。因此解放农村守旧的传统观念，树立科学健身意识势在必行。首先通过培训、宣传等手段让农村体育骨干力量转变思想观念；其次，倡导动员大家转变观念，解放思想，抱着"我健身，我健康，我快乐，我幸福"的思想参与到健身中去，来逐渐强化健身意识，支持和鼓励人们积极参与体育健身活动。

（四）加强社会体育指导，建立科学的体育健身方法

要想健身，方法是关键，没有专业人员引导，盲目锻炼，还会适得其反，因此，加强社会体育指导，创编合适的体育锻炼项目，强调体育的休闲、娱乐、交流、康复等作用，使农民树立科学的健身意识，才能实现体育的健身功能。

在农村，农民的体育锻炼由于受场地、器材、指导、经济状况、年龄等因素影响，方式方法较为单一，且形不成规模。现急需想方设法创新推广一些不大受制于场地、器材、气候条件等娱乐性强的体育健身项目，既能起到锻炼身体的作用，又能达到调节情绪、愉悦身心的目的，从而提高人们的生活质量和幸福指数。这是

目前急需要解决的问题。

（五）树立积极的体育消费观念，倡导“健康投资”意识

体育认知决定体育态度，体育态度决定体育情感，体育情感决定其消费观念，提高农民对体育产品的兴趣和情感是促进其形成体育消费观念的重要途径。所以，要引导农民树立积极正确的体育消费观念。

1. 加快农村经济发展步伐，提高农民整体收入水平。一个国家或地区的经济发展水平是该国家或地区群众体育开展的前提和基础，“体育发展水平很大程度上取决于经济的发达程度”。

2. 转变农村家庭消费观念，改善家庭物质和精神消费的支出比例。

3. 倡导农村家庭重视身心健康，提高人们的经济支配能力。

4. 树立“自我体育健康投资”理念，助推人们产生购买兴趣，从而树立正确的体育消费观念，另外在价格上适当调整，让农民真正享受到“用得上，买得起”的体育商品。

第三章

新型农村体育管理

第一节　新型农村体育管理制度

一、农村体育管理制度的涵义

管理是指通过计划、组织、领导、控制及创新等手段，结合人力、物力、财力、信息等资源，以期高效达到组织目标的过程。制度是社会组织系统的机构设置和管理权力划分，其核心是社会管理系统中通过职能分工设计所形成的权力架构。目前，新型农村体育管理运行机制可概括为县城、乡镇、农村三级运行网络，管理机构包括行政组织和群众组织两大体系。

虽然政府一直在农村体育管理方面进行改革尝试，但总体还是政府主管部门在主导，来管理、指导、依靠、监督其他体育团体。农村体育管理主要采取以政府行为为主，依靠各部门、基层、各协会、企业和个人资助等渠道，来推动农村体育活动的管理。

总之，加强农村体育管理制度，制订发展计划，优化组织建设，多方合作提高管理效率，是促进农村体育发展的关键所在。

二、相关的农村体育政策

1.《做好县的体育工作的意见》。1978 年 11 月，为使农村体育发展更快，国家体委在湖北省黄陂区召开了县体育工作调查会，在总结经验的基础上起草了《做好县的体育工作的意见》，明确了县体育工作的任务工作方法、工作作风等问题。这个《意见》引起一些县的高度重视，体育工作得到加强。

2.《全国农村体育工作会议纪要》。1983 年 2 月，《全国农村体育工作会议纪要》批转到各地，要求各级人民政府加强领导，积极地、有步骤地把农村文化体育活动开展起来，标志着我国农村体育进入新的发展阶段。

3. 1986 年 9 月 11 日中国农民体育协会成立和 1988 年 10 月在北京举行的第一届全国农民运动会成为我国农村体育发展的一个新的里程碑，它标志着我国农村体育已进入一个有独立组织、形成系统的专门机构和既有相当广泛的群众基础、又有较高技术水平、全面社会化的发展时期。

知识拓展

你了解中国农民体育协会吗？它在农村体育管理方面起哪些作用？

中国农民体育协会成立于 1986 年 9 月，在农业部、国家体育总局的领导和指导下进行工作。主管单位为农业部。

1. 宗旨　贯彻执行国家的体育法律法规，宣传党和政府有关体育工作的方针、政策，广泛团结农民体育积极分子和农村体育工作者，推动农民体育运动的发展，为促进广大农村的社会主义物质文明和精神文明建设服务。

2. 任务

(1) 贯彻执行党中央和有关领导部门关于群众体育特别是农民体育的方针、政策和《全民健身计划纲要》，组织、发动和指导广大农民开展群众性体育活动，增强广大农民群众的体质，为提高全民族的素质服务。

(2) 组织举办全国性农民体育竞赛，不断提高运动技术水平。

(3) 组织开展农民体育活动的经验交流和表彰先进活动。

(4) 培训农民体育骨干，为国家培养和举荐农民优秀体育人才。

(5) 动员和依靠社会力量，推动农村体育设施建设，促进体育社会化。

(6) 会同有关部门发掘、整理、研究和逐步推广农村民间传统体育，提出可列为全国正式比赛项目的建议。

(7) 组织对外农民体育交流，举办国际农民体育竞赛。

开展农民体育运动的方针是：面向广大农村，广泛开展群众性体育活动，普及与提高相结合，以普遍增强农民体质，促进农村两个文明建设的发展。

4.《全民健身计划纲要》。1995年6月20日，国务院正式颁布了《全民健身计划纲要》，明确提出，要提高农民的体质和健康水平是农村社会发展的一项重要内容，要充分发挥村民委员会和各级农民体育协会的作用，并与文化站协同配合，做好体育工作，开展评选全国体育先进县活动，推动农村体育的发展。

5.《中华人民共和国体育法》。1995年8月29日，第八届全国人民代表大会常务委员会第十五次会议通过了《中华人民共和国体育法》，并宣布自1995年10月1日起实行。它掀开了我国体育事业发展的新篇章，为依法治体做出了指引。

6.《农村体育工作暂行规定》。为了贯彻落实《全民健身计划纲要》，加快发展农村体育事业，依据《中华人民共和国体育法》，2002年制定了此规定。各级人民政府体育、农业部门应当根据各自职责，做好农村体育的管理和组织工作。

7.《中共中央　国务院关于推进社会主义新农村建设的若干意见》(中发［2006］1号)。2006年3月国家体育总局为贯彻落实中共十六届五中全会精神和中发［2006］1号，提出在“十一五”期间要推动实施农民体育健身工程，进一步加快新时期农村体育事业的发展。

8.《关于实施农民体育健身工程的意见》。2006年国家体育总局印发了《关于实施农民体育健身工程的意见》，为新农村体育发展奠定了基础。

9.《全民健身条例》。为了促进全民健身活动的开展，保障公民在全民健身活动中的合法权益，提高公民身体素质，由国务院制定，于2009年8月30日公布，自2009年10月1日起施行了《全民健身条例》。

《条例》规定，每年8月8日为全民健身日，县级以上人民政府体育主管部门应当在全民健身日组织免费健身指导服务，公共体育设施应当在全民健身日向公众免费开放。

这些农村体育制度、政策的制定以及出台，出发点都是为了加快发展农村体育事业，通过组织农民体育活动、培训农民体育骨干、推动农村体育设施建设等方法、手段、措施来普遍增强农民体质，促进社会和谐发展。

三、影响我国农村体育管理体制的因素及对策

（一）农民法制意识淡薄，对体育法律法规缺乏了解

近几年来，国家非常重视农村体育的发展，出台了一系列相关的农村体育管理制度，但在农村，如果问一些农村体育的管理制度，如《全民健身计划纲要》《全民健身条例》《农村体育工作暂行规定》《关于实施农民体育健身工程的意见》《中华人民共和国体育法》等，它们是什么时间公布的？了解多少？主要内容能否说上几句？可能能答上来的农民不多，他们不太了解和关心这些农村体育方面的法律法规，法制意识较淡薄。说明政府在贯彻农村体育管理法规方面重视不足，农村体育管理缺乏法律保障，依法治体的基础不稳，宣传体育法规政策方面力度不够。

由于长期受传统思想的影响，注重人际关系和谐，突出调解思想，农民法制意识淡薄。常会出现以权压法、以情扰法的因素，也有在农村体育管理团队素质不高、能力不强等多种情况。对策如下：

1. 建立完善的农村体育管理法律体系，使农村体育管理的组织运行、资金保障、设备管理、人员经费等各个方面均能做到有法可依，有章可循。

2. 树立公正严格的农村体育执法制度，做到法律执行的主体合法、内容合法、程序合法。

3. 设立健全的民主监督机制，强化体育行政执法主体作用，充分发挥各级人大、政协的检查和监督作用。

4. 加强体育行政部门体育执法队伍的建设，努力打造一支政治合格、业务过硬、责任心强的管理队伍，大力提高体育行政执法人员的素质。

5. 加大力度宣传体育政策法规，使农民加强对体育政策法规具体内容的认识，提高其法律意识。

总之，各级政府部门要根据《中华人民共和国体育法》《全民健身计划纲要》《农村体育工作暂行规定》等法律、法规，起草、制定和出台专门的地方农村体育法律、法规，确保发展农村体育有法可依。县级、乡镇等地方政府，也要及时制定相应的农村体育实施制度、办法，落实可以实施的具体方案。只有真正把农村体育纳入农村发展的整体规划之中，才能形成健全的制度和有效的管理机制，才能真正体现政府的服务功能。

（二）体育组织机构不完善，专业素质欠缺

农村体育的管理大部分有较健全的组织管理制度，但有的县区农村体育管理机构设置不合理，运行不畅，管理不力。各级基层体育管理组织普遍存在管理者专业水平较差的状况，在体育活动管理过程中不能有效地进行计划、组织、控制、协调、监督，同时由于农村社会体育指导员队伍数量不足且缺乏科学管理，在一定程度上也影响了农村体育活动的广泛开展。对策如下：

1. 县区政府要依法治体、统筹安排。县区政府应从战略高度认识农村体育管理工作的重要性，把农村体育作为农村展现社会风貌的窗口，把全民健身活动作为提高国民素质的一项重要内容纳入政府工作序列，逐步使体育成为农民生活中不可缺少的部分，积极

引导和组织农民形成健康、科学、文明的生活方式。

2. 乡镇政府要严格贯彻国家有关农村体育工作的方针政策，宏观管理农村体育，多渠道筹措体育经费，为农村体育发展创造条件。乡镇政府应把体育事业纳入乡镇经济和发展总体规划，不断改善体育场地设施条件，为农村体育发展创造条件。

3. 充分发挥农村村民委员会的组织、带动作用。加强农村体育管理，要充分认识和发挥村委会在政府与村民之间的纽带作用，使之成为政府宏观指导与农民体育需求的有机联结点：

（1）村干部带头，以农村体育积极分子（复员退伍军人、上学毕业回乡青年及正受高等教育的放假学生）为骨干力量，推动农村体育发展。

（2）发挥农村乡镇企业的龙头作用，带动和辐射广大农村，使更多的农民参加到体育活动中来。

（3）积极“引进”体育协会骨干及体育教师进行健身指导，可考虑让中小学校体育教师兼任社会体育指导员的工作，宣传体育知识，传授体育技能，指导体育锻炼。

（三）农村体育宣传工作力度不够，农民体育观念保守，健身意识不强，农民参加体育活动的自发性差，管理工作较难开展

有人认为，“花钱买健康”观念的形成是人们能否积极参加体育活动的关键，然而事实并非如此。影响农民参加体育健身活动的主观因素主要是懒得动和缺乏兴趣，或者是没有合适的、能够吸引农民参加的体育项目，农民空闲时间主要花在看电视、打牌和会客聊天上。

由于传统观念在我国农民头脑中的影响较大，农民体育意识发展普遍不成熟，缺少自觉参与意识，农民参加体育活动的自发性差，管理工作很难开展。对策如下：

1. 要更新农民的体育观念。应主要通过宣传媒介和组织群众乐于接受的体育活动进行广泛的体育文化宣传和健康教育，让人们在耳濡目染及亲身领悟中产生对体育的兴趣和对健康的新认识，使人们认识到加强体育锻炼不仅可以提高劳动生产率，而

且还可以丰富农村业余文化生活、改变生活方式、提高生活质量。

2. 农村体育活动应当坚持与生产劳动、文化活动相结合，坚持业余、自愿、小型、多样和因人、因时、因地制宜的原则，利用传统节日和农闲季节，开展群众喜爱的、丰富多彩的体育活动，做到以项目增强兴趣，以兴趣促进发展，以发展提升管理。

总之，农村体育管理，必须做到有法可依、有法必依、执法必严、违法必究；同时又要考虑体育的行业特点，从当地农村的实际情况出发，既要充分履行体育行政部门的职责，又要发挥政府相关职能部门的积极作用。

四、促进我国农村体育管理体制的建议

（一）健全农村管理法规，推进农村体育保障的立法工作

建设法治国家，构建法治政府，是建设社会主义新农村的必然要求，也是构建和谐社会的历史选择。建设社会主义新农村，首先应当通过相关的法律和法规，保障村民的合法权益，缓解农村矛盾。目前，在广大农村基本都存在着农村管理法规不健全和依法行政水平低的事实。要改变这一现状，认真落实农村体育管理职能，要做到以下几点：

1. 通过各种形式的宣传，全面落实《中华人民共和国体育法》、《全面健身计划纲要》和其他体育方面的法律、法规，大力推进农村体育保障的立法工作。

2. 通过立法形式，建立、健全保障农村体育事业健康持续发展的体育法规。

3. 对那些不能履行体育管理职能，特别是破坏体育秩序、影响社会稳定的不良行为和违法行为的政府工作人员，要给予严厉规范和惩处。

（二）宏观调控，有效发挥社会管理功能

随着农村经济不断发展，利益主体不断分化，如何科学地进行社会管理，有效化解农村社会矛盾，成为备受关注的问题。但无论

怎样执行政府管理，它的职能应以服务于社会为核心。政府要放权，要抓大放小，宏观调控。同时，政府在对农村进行宏观调控时要按照“多予、少取、放活”的原则，而不是“少予、多取、全管”的方式。

1. 要健全农村体育管理体制，从宏观的角度负责制定发展农村社区体育的政策、规划，统筹全面发展的工作，要充分发挥其宏观的管理功能。

2. 要建立多元化筹资机制。要努力建立与现代公共管理、公共服务相适应的思维模式，最大限度地为社会公共利益服务，真正做到心系人民，权为民所用，利为民所谋。在供给的选择上，采取由政府主导，地方适当支持，企业提供赞助的方式，解决好当前农村农民急需的公共体育产品的供给问题。

3. 通过宣传、鼓励和有偿服务来广泛吸纳社会捐赠、基金扶持、体育彩票等资金，以弥补现有开展农村体育活动经费的不足。

（三）构建网络化组织，形成社会化运行管理机制

政府要注重加强农村体育组织网络化建设，形成政府指导，依托社会、全民参与，村民自治的社会化运行管理机制。

1. 没有农民的健康，就没有农民的幸福。政府要切实把农村体育事业发展目标纳入农村社会经济发展的总指标体系之中，把开展农村体育工作作为为民办实事的一个重要举措。

2. 把每年农村体育目标任务完成的结果作为考核领导政绩的一项内容，建立农村体育目标管理体系和评估考核指标。

3. 要建立乡镇体育领导小组，成立乡镇农民健身指导站。有条件的地方还可以与乡镇医院联合，建立体质测试站。

4. 在有条件的基层，可以成立乡镇农村体育协会，支持和扶持农村体育中介组织，因势利导，培育和完善健身、康复、娱乐等体育消费市场，引导群众进行健康消费，拓宽体育消费领域。

第二节　全民健身计划

一、全民健身计划的涵义

全民健身计划是指为深入贯彻落实科学发展观，坚持体育事业公益性，逐步完善符合国情、比较完整、覆盖城乡、可持续的全民健身公共服务体系，保障公民参加体育健身活动的合法权益，促进全民健身与竞技体育协调发展，扩大竞技体育群众基础，丰富人民群众精神文化生活，形成健康文明的生活方式，提高全民族身体素质、健康水平和生活质量，促进人的全面发展，促进社会和谐和文明进步，努力奠定建设体育强国的坚实基础而制订的群众体育发展计划。其主要依据是《中华人民共和国体育法》《全民健身条例》《全民健身计划纲要（1995—2010年）》《全民健身计划（2011—2015年）》。

二、制订计划的目的和过程

全民健身关系人民群众身体健康和生活幸福，是综合国力和社会文明进步的重要标志，是社会主义精神文明建设的重要内容，是全面建设小康社会的重要组成部分。到2010年，《全民健身计划纲要（1995—2010年）》规定的目标任务已经完成。为进一步发展全民健身事业，广泛开展全民健身运动，根据《中华人民共和国体育法》、《全民健身条例》和国家经济社会发展实际，制订《全民健身计划（2011—2015年）》。

2009年2月，针对1995年颁布的《全民健身计划纲要》将于2010年底实施周期结束的情况，为提早谋划新时期全民健身发展规划，体育总局启动了新周期《全民健身计划》的研制工作，成立了领导小组、起草小组和专家咨询组。经过材料收集、主题研讨、集中起草，于6月形成《全民健身计划纲要（2011—2020年）》第一稿，在专家组范围征求意见。

2009年8月，国务院颁布《全民健身条例》，对制订与实施

《全民健身计划》做出了专门规定。《计划》研制工作按照《条例》要求，在前期工作的基础上做了较大调整，于11月形成《全民健身计划（2011—2015年）》第一稿。经过多次讨论修改，《计划》于2010年3月下发各省区市体育局征求意见，并提交全国群体工作会议讨论。根据各地意见进行多次修改后形成征求意见稿，于7月发送国务院26个部委，各省区市体育局、各行业体协，体育总局各司局、直属单位征求意见。根据反馈意见再次修改后，形成公开征求意见稿。《计划》研制历时两年，共经过11轮较大幅度修改。在向社会公开广泛地征求意见后国务院于2011年2月在全国发布《全民健身计划（2011—2015年）》的通知。

图3-1　全民健身计划宣传

三、《全民健身计划》的工作重点及措施

全民健身公共服务体系建设作为推行《计划》的工作重点。全民健身是一项庞大复杂的系统工作，工作重点在哪？着力点在哪？《计划》明确给予了解答，将“形成覆盖城乡比较健全的全民健身公共服务体系”作为推行全民健身计划的工作重点，着力要解决的问题。既是对社会发展的积极回应，也是全民健身事业自身发展的

迫切需求。

国家2002年就提出2020年要实现建设全面小康社会，“形成比较完善的全民健身体系”的奋斗目标，比较完善的全民健身体系的主体部分是全民健身公共服务体系，将工作重点放到建设全民健身公共服务体系上来，才能保障实现全面建设小康社会奋斗目标。2010年《政府工作报告》中提出了大力发展公共体育事业。公共体育事业的主体部分是全民健身事业。重点建设覆盖城乡的全民健身公共服务体系，是政府履行公共服务职能的必然要求。

目前我国全民健身公共服务严重短缺并且很不均衡，迫切需要通过重点建设全民健身公共服务体系来解决我国全民健身事业的主要矛盾和突出问题。因此，建设覆盖城乡比较健全的全民健身公共服务体系不仅是和谐社会、小康社会建设发展需要，也是为了有效解决当今全民健身公共服务体系严重滞后且不平衡这一突出问题的需要，同时还是政治的需要。只有通过全民健身公共服务体系建设，才能提高城乡基层全民健身公共服务能力，解决好城乡基层体育健身设施不足、健身组织不健全、健身指导缺乏及城乡发展不平衡这些人们最关心的突出问题，为人们提供更多更好的体育公共服务，让人们分享体育发展成果、享受体育带来的健康快乐，形成健康文明的生活方式，提升人民幸福指数。

由此可见，建设覆盖城乡比较健全的全民健身公共服务体系实质是政府落实民生体育思想，保障公民体育权益，为人们谋健康、谋幸福的重要体现。建设覆盖城乡比较健全的全民健身公共服务体系的目标提出，也必然对政府部门提出更高、更新的要求，需要政府强化公共管理职能，在全民健身事业建设中承担起更多责任与义务，发挥其主导与主体作用。显然将建设覆盖城乡比较健全的全民健身公共服务体系作为《计划》实施重点，着力点其意义是重大而深远的。

《全民健身计划》要在国内实施，需要采取有效且可行的措施，主要分为工作措施和保障措施，从不同角度提出对实现所定发展目标所采取的措施。工作措施共10条，主要是针对全民健身工作的主要方面，提出主要工作思路、工作要求，加强对各项工作的指导。政策措施共 9 条，主要是从加大各级财政对全民健身事业的投入，完善调动社会各方面参与兴办全民健身事业的政策，健全体育健身设施体系、组织体系、技术指导体系、科研与法规体系等基本建设提出支持和保障的措施。

四、如何落实《全民健身计划》

原国家体育总局局长刘鹏在谈《计划》的落实时曾说过：“我们不能只抓短时间出成绩的事，而是要花大力气把战略性、基础性、长远性的大事抓好，才是对我们的体育事业负责。拿群众体育事业来说，发展体育运动增强人民体质是我们发展体育事业的根本宗旨。群众体质是我们建设体育强国中一个基础性的短板。为抓好全民健身计划的贯彻落实，要以突破性的思维采取突破性的措施，来争取实现跨越式发展，找准突破口，抓住牛鼻子，来推动全民健身计划的落实”。

（一）领导重视

各级政府要非常重视全民健身计划的落实事宜，将其纳入各级政府的经济和社会发展规划、财政预算和年度工作报告中，来大力推动这项工作，构建起从上到下全民健身的公共服务体系。

（二）强化体育场地设施建设

要加大建设群众身边的体育场地设施建设，建立一个篮球场加两个乒乓球台是最基本的设施。要多方合力建设群众身边的小型、适用的体育设施，这是今后一个重大的任务。配合群众体育健身活动中心、全民健身路径等渠道来助推体育场地设施建设步伐。

（三）盘活现有的体育资源，让群众身边有更多的体育设施

目前，很多体育场馆集中在学校，体育场地、器材比较充足，但对公众的开放率比较低。试想，场地开放后，场地器材的利用率会非常高，来活动的人群素质不一，有的素质低的人会想这也不是自己家的东西，不珍惜，不爱惜，只管活动；有的大人再带上孩子，就会出现场地器材不同程度地损坏；有的一个暑假结束，损坏地还很严重。那么谁来维修养护？费用谁出？出现安全隐患谁负

责？问题很多。因此，体育场馆向公众开放这项工作还需要多方合作，在过程中协调解决这些难题，来盘活体育资源，加快落实全民健身计划的推进。

（四）制订各地方的全民健身实施计划

国家的全民健身计划出台后，各地区要量体裁衣，具体问题具体分析，制订出适合当地的实施计划，撸起袖子加油干，推进全民健身计划的开展。

（五）加大社会体育指导员队伍的建设力度

要构建公共体育服务体系，社会体育指导员是一支非常重要的力量，是全民健身的宣传者、全民健身活动的组织者、科学健身的指导者、文明健康生活方式的引领者、场地设施服务的维护者。要通过培训、继续教育、网络学习、考核等渠道，来加大社会体育指导员队伍建设。

知识拓展

你了解这些概念吗？跟我一起学学吧！

1. 全民健身体系 指能够不断满足全体公民体育健身需求，改善全社会体育健身环境条件，为体育健身提供服务的相对稳定的社会系统，它由服务体系和保障体系两大部分构成。包括体育健身场地设施、组织、活动、技术指导、信息、法规制度、资金投入、宣传、教育、科研等内容。《全民健身计划纲要》提出："2010年基本建成具有中国特色的全民健身体系"。

2. 全民健身服务体系 服务功能是全民健身体系最根本、最直接的功能，体现全民健身体系的性质和方向，决定全民健身体系的最终质量和效果。全民健身体系中的服务体系，是全民健身体系的主体部分。全民健身服务体系是由体育健身活动密切相关因素构成的相对稳定的社会系统，它为群众健身全面提供体育健身场地设施、组织支持、丰富多彩的活动、技术指导和信息服务。各子系统紧密联系、互为支撑，使服务体系各要素能够充分发挥效用。由政府办与社会办相结合。2002 年 7 月《中共中央 国务院关于进一步加强和改进新时期体育工作的意见》提出："努力构建群众性的多元化体育服务体系"。

3. 全民健身公共服务体系 指各级政府为保障人民群众基本体育权益，满足日益增长的体育服务需求，投资兴办的以公共体育场地设施、公益体育组织网络、群众性体育活动系统、公益社会体育指导员队伍、健身指导及信息服务系统为支撑和运作评估为基本框架的覆盖全社会的体育健身服务体系。它是社会公共服务体系的组成部分，是全民健身服务体系的主要组成部分。

4. 社会体育指导员 指在群众性体育健身活动中以各种指导方式为健身者提供科学健身宣传、体育技能传授、健身锻炼指导和组织管理服务并被确认相应资格的专门人员。社会体育指导员工作制度是我国一项重要的体育制度，分为公益和职业二类，1993 年国家体委发布《社会体育指导员技术等级制度》，1998 年社会体育指导员被列入《中华人民共和国职业分类大典》，2001 年《社会体育指导员国家职业标准》正式颁布。社会体育指导员在落实"全民健身计划"、体现公共体育服务、推动人民群众科学健身方面发挥着重要作用。

5. 终身体育 指一个人终身进行身体锻炼和接受体育教育。终身体育的含义包括：一是坚持在整个人生学习与参加身体锻炼，使体育成为生活中始终不可缺少的重要内容；二是在终身体育思想的指导下，以体育的体系化、整体化为目标，为人在不同时期、不同生活领域中提供参加体育活动的机会。

6. 全民健身日 2008 年于中国竞技体育是极度辉煌的一年。当烟花散尽，繁华消退，全民奥运热潮渐渐褪去时，中国体育也悄然回归本位。在"后奥运时代"，群众体育必将得到越来越高的重视。为了满足广大人民群众日益增长的强身健体需求，国务院批准 8 月 8 日为"全民健身日"。将健康向上的大众体育精神传达给公众，推广健康生活的理念。

第三节　全民健身一二一工程

一、全民健身一二一工程的涵义

全民健身一二一工程是《全民健身计划纲要》的一部分。一二一是指用体育队列操练中“齐步走、一二一”的指挥口令，既预示着全民健身计划启动，又形象地提出了第一阶段的主要任务。即：

1. 倡导全民做到　每人每天参加 1 次以上体育健身活动，学会 2 种以上体育健身方法，每人每年进行一次体质测定。

2. 倡导家庭做到　每个家庭拥有 1 件以上体育健身器材，每个季度全家进行 2 次以上户外体育活动，每个家庭有 1 份（册）以上体育健身报刊或图书。

3. 倡导社区做到　提供 1 处以上体育健身活动场所，每年组织 2 次社区范围体育健身活动，建立 1 支社会体育指导员队伍。

4. 强调学校做到　保证学生每天参加 1 小时体育活动，每年组织学生开展 2 次远足、野营活动，每年对学生进行 1 次身体检查。

用“一二一”这一富有体育特色、生动鲜明的号令形式概括了向社会倡导和强调的基本健身要求，清晰、扼要地提出了起始阶段的主要任务，对应着重抓好的工作做了具体、明确的部署。

国家体委关于贯彻《全民健身计划纲要》实施“全民健身一二一工程”的意见

国家体委关于贯彻《全民健身计划纲要》实施“全民健身一二一工程”的意见国家体委关于贯彻《全民健身计划纲要》实施“全民健身一二一工程”的意见

(1995 年 6 月 23 日国家体委发布)

全民健身计划是在国务院领导下，由国家体委会同有关部门、 各群众组织和社会团体共同推行的一项依托社会、全民参与的体育健身计划，是与实现社会主义现代化目标相配套的社会系统工程和跨世纪的发展战略规划。《全民健身计划纲要》(以下简称《纲要》)确定 1995-1996 年是宣传发动和改革试点阶段。为此，我委提出《关于贯彻<纲要>实施“全民健身一二一工程”的意见》，作为《纲要》第一期工程第一阶段的实施方案。“一二一”是借用体育队列操练中“齐步走，一二一”的指挥口令，既寓示着全民健身计划启动，又形象地提出了第一阶段的主要任务。

图 3-2　实施“全民健身一二一工程”

二、全民健身一二一工程的主要任务

为使国民、家庭、社区和学校经过努力逐步达到所规定的要求，要明确其主要任务。

《工程》的主要任务：向社会发出号召，形成崇尚健身、参与健身的社会环境和风气，使体育成为一种人人享有、人人参与、人人有责的社会性活动。

具体的任务是：

（一）突出一个重点：宣传发动

利用各种组织方式和传媒形式扩大对全民健身活动宣传的范围，加大宣传的力度，以形成正确的舆论导向，增强国民的健身意识。

“全民健身一二一工程”发布后，全国统一征集并推出全民健身口号、徽志、主题歌曲。体育部门与宣传、教育、卫生、文化、新闻、出版、影视等部门相配合，搞好全民健身的宣传活动。各地区、行业、系统结合各自特点，有针对性地搞好全民健身活动的宣传发动工作。

（二）推行两项制度：《社会体育指导员技术等级制度》和《中国成年人体质测定标准》

《社会体育指导员技术等级制度》已正式施行。要集中一年半左右的时间，做好《社会体育指导员技术等级制度》实施中的培训和评审等试点工作。《中国成年人体质测定标准》于 1995 年 6 月颁布施行。两项制度在施行中要注意总结和积累经验，使之逐步完善。

（三）掀起一个热潮：全民健身活动的热潮

采取切实有效的措施，迅速把国民动员和组织起来，壮大经常参加体育活动者队伍，形成社会多方支持、全民共同参与、健身活动蓬勃开展的新局面。

各地区、行业、系统要在现有健身活动的基础上，按照社会发展和健身活动的需求以及社会主义市场经济的规律，创造一些新形势、新办法。要因人因地因时制宜，进一步开展好各具特色的群众健身活动。

三、全民健身一二一工程的主要措施

在各级人民政府的领导下，由体育行政部门牵头，卫生、教育、科技、宣传、文化等有关部门以及工会、共青团等社会团体配合共同推行，采取的主要措施是：

（一）切实加强组织领导

请各级人民政府加强对全民健身活动的领导。各地区、行业、系统要结合实际把推行《全民健身一二一工程》抓好，做出规划具体指导。创造必要的条件，多渠道、多层次、多形式地解决资金，逐步增加对健身活动投入。

（二）认真开展调查研究

根据国民体质的基本状况，当前要重点开展国民体质和群众体育工作基本状况的调查和国民体质建设基本理论、科学健身方法以及物质保障等方面的研究。在充分发挥现有体育科技机构和体育院、校、系科研力量作用的同时，动员社会的科技力量，对全民健身进行多学科的研究。

（三）改革试点管理体制

通过试点逐步建立国家调控、依托社会、服务群众的全民健身管理新体制和运行新机制。试点的主要内容是建立作为事业单位的区（县）社会体育指导中心、指导站（社区体育服务站）、逐步形成社会化群众体育组织管理网络；探索国家、单位、社区、家庭相结合，全社会办体育、搞健身的新路子；探索社区、居民小区建立活动设施的渠道；探索社会体育工作骨干的培养和调动国民主动参与健身的新途径等。要将全民健身的管理列入社会发展综合试验区的工作系统。各地区、行业、系统都要从实际出发确定试点内容和范围。

（四）健全群体法规制度

健全群众体育法规制度，是推进全民健身的重要保证。要在认真施行《国家体育锻炼标准》、《学校体育工作条例》、《学校卫生工作条例》以及国家关于城市公共体育设施用地定额标准和学校体育设施器材规定等现行法规的基础上，加快群众体育的立法步伐推动全民健身活动深入持久地开展。

第四章

科学健身与人体发展

生命在于运动，生命因运动而美好，运动因生命而精彩。运动是快乐的源泉，快乐是生命的财富。生命质量在于健康，健康在于运动，运动贵在科学。运动一定要根据自己的身体状况，选取合适的项目，科学健身，身体才会健康，不容易损伤。那么，如何处理好科学健身与人体发展的关系呢？本章我们来探讨一下这个问题。

第一节　科学健身的原则与方法

一、科学健身的涵义

科学健身，顾名思义，就是科学合理的健身。科学的健身运动必须掌握适宜的运动强度、形式、时间，在科学的运动处方指导下进行体育锻炼。

所谓运动处方是指根据医学检查资料，按其健康、体力以及心血管功能的状况，结合生活环境条件和个人特点，用处方的形式规定适当的运动项目、时间和频率，并指出运动中的注意事项，以便有计划地进行经常性锻炼，达到健身或治病的目的。

二、2018 健康中国行

为贯彻落实全国卫生与健康大会精神，提升人民群众健康素养水平，由国家卫生健康委员会、国家体育总局、教育部、全国总工会、共青团中央和全国妇联共同主办的 2018 年健康中国行——科学健身主题宣传活动启动仪式在北京举行。

图 4-1 2018 年健康中国行——科学健身主题宣传活动启动

解决科学健身问题，是一项系统工程，需要在全社会倡导科学健身的理念，大力普及全民健身的科学知识，通过多种方式，把科学健身的知识送到社区，送到企业，送到学校，送到百姓身边。要实施科学健身的诊断，来判断每个人的健康状况。通过培训家庭医生和社区医生，为老百姓开具个性化的运动处方。同时，还要创新科学健身的产品，包括检测的产品，健身的产品，特别是人工智能化的产品。

全国各地纷纷响应，各省市也相继进行了科学健身主题宣传活动启动仪式，拉开了健康中国行活动的序幕。

科学地运动有益健康，不但可以促进生长发育、延缓衰老，还可以预防焦虑、抑郁症以及大部分慢病的发生。不同人群对科学健身的影响和需求是不同的，作用也有所不同，对健康人群来说，科学的体育锻炼是全生命周期健康促进和维护的最经济、最适用的一种手段，对健康高危人群来说，体育锻炼是最有效、最安全的调理和校正手段，对病人来说，在医生和运动康复人员的指导下，通过个体化的运动处方，体育锻炼是治疗疾病、加速康复，提高带病生存率重要的辅助手段。

但要注意，科学健身时首先要树立健康新理念。强化“我营养、我锻炼、我健康、我快乐”的意识。把心动变成行动，形成合理膳食、科学运动、追求健康的新风尚。另外，要不断学习健康新知识。通过学习健康知识，选择适合自身特点和兴趣爱好的运动形式，持之以恒，科学健身，自觉锻炼。再者要做个健康新主人。每个公民都要担负起自己健康的责任，管住嘴，迈开腿，知信行统一，成为健康的责任人和管理者。这样才能使身、形、意合一，健康才会永久。

三、科学健身的原则

科学健身的原则是人们长期从事体育锻炼实践经验的概括和总结，是体育锻炼规律的反映和进行体育锻炼的准则。大家锻炼时一定要遵循这些原则，才能起到健身效果。

（一）健康第一、安全至上的原则

科学健身应进行全面的体质评估，了解患病史及家族病史，筛查生理指标，进行体质测定，提升运动安全，减少运动风险。可以选择适合自己安全有效的健身运动，遵从循序渐进的健身计划，全面发展运动能力，制订个性化运动处方，坚持经常锻炼身体，锻炼时要紧绷安全这根弦。

（二）系统性和全面性的原则

强调科学锻炼的类型要全面，不但要进行有氧运动，还要进行力量锻炼，同时还要强调柔韧性锻炼，在锻炼的项目方面要求多样化，建议每一名锻炼者至少有 2～3 项日常坚持的体育活动，达到身体全部位锻炼的效果；要求环节完整，包括准备活动、正式活动以及活动后的放松拉伸。

（三）个体化的原则

适合自己的锻炼方式是最好的锻炼方式，对不同的人群建议要量力而行，循序渐进，儿童、青少年应以培养运动习惯、掌握运动技能为主要目的，而对成年人在促进健康方面，要强调有一定的强度和频率，还要保持一定的锻炼时间，对老年人群建议量力而行，保持适当的体育活动水平，适当进行平衡能力锻炼，强健肌肉、骨骼，预防跌倒。对一些特殊人群，建议在专业人员的指导下开展运动健身。

（四）要坚持不懈、持之以恒

科学健身可以改变生活习惯、作息时间以及营养膳食的调理，科学健身可以促进健康生活方式的形成，而健康生活方式是每个人健康的基石。

（五）与生活相结合原则

科学健身应将身体活动融入到日常生活中，注意与全面营养、充分休息和安全环境相辅相成，促进健康生活方式的形成，从而达到理想的锻炼效果。

坚持体育锻炼，能同时达到健身、健心、健美的效果，提高机体的工作能力，有益于身心的全面发展。体育锻炼中，这些锻炼原则相互联系，互为补充，在实际锻炼中认真贯彻，必会使身体健康，幸福指数提高。

四、科学健身的方法

体育锻炼时，科学合理地运用各种方法，有利于掌握运动技能，提高身体各器官功能，提高锻炼者的兴趣，加速疲劳的消除。

（一）常用方法

1. 持续练习法 用强度较低的练习持续较长时间，主要用于锻炼心脏和发展有氧代谢能力。由于机体器官功能惰性较大，约需在运动开始后 3 分钟才能发挥最高机能水平。因此为发展有氧代谢能力，练习持续时间要在 5 分钟以上，甚至可持续练习 20～30 分钟。

2. 循环练习法 对练习者的技术要求不高，简单实用，效果明显，能充分利用时间加大练习者的运动量和练习密度，对发展练习者的身体素质及各项基本活动能力有良好作用。此外，由于内容的多样及变换，也有助于提高练习者的兴趣。

3. 间歇练习法 严格规定各项练习的内容、强度及每次练习的休息间歇时间。间歇练习对机体的要求高，能引起机体结构、机能及生物化学的较大变化，对发展心肺功能及提高抗疲劳能力效果好。

4. 重复练习法 对同一动作多次重复，不断强化运动条件反射，有利于对技术动作的掌握和巩固，另外由于多次重复可使身体生理负荷达到较高程度，对提高身体素质及各器官机能水平作用较大，是掌握技术、增强体质的必要手段。

（二）各项身体素质的锻炼方法

1. 跑步项目的锻炼方法 原地小步跑、变换节奏小步跑、上下坡小步跑、原地高抬腿跑、高支撑高抬腿、低支撑高抬腿、仰卧高抬腿、上下坡高抬腿、变换节奏高抬腿、悬垂负重高抬腿、连续蛙跳、后蹬跑、跳着跑、后踢腿跑、大步跑、变速跑、弯道跑、听信号跑、原地高抬腿过渡起跑、负重起跑等。主要发展下肢力量和身体协调性。

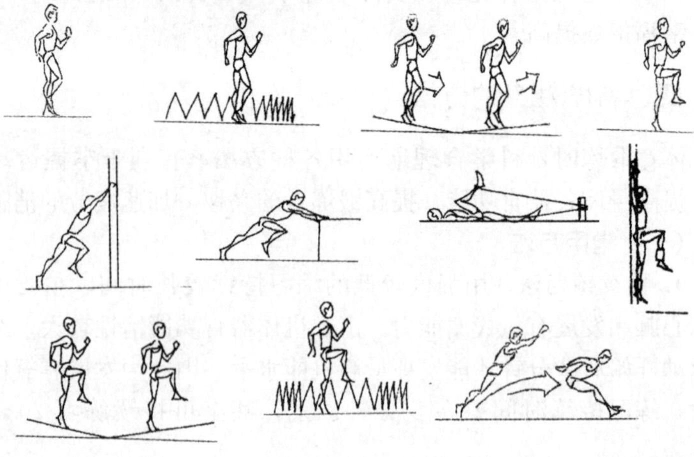

图 4－2　跑步项目的锻炼方法

2. 跳跃项目的锻炼方法　肩负杠铃半蹲跳、肩负杠铃跳上跳下、立定跳远、原地起跳、连续起跳、连续双脚跳、收腹举腿落地、高抬腿跑起跳、支撑高抬腿扒地、高台上跨跳、挺身跳下、快速体前屈、单腿跳、跨步跳、连续蛙跳、高台跳下、跳上等。主要以发展下肢力量为主。

图 4－3　跳跃项目的锻炼方法

3. 力量素质的锻炼方法　仰卧快速推举杠铃、斜面后仰快速推举杠铃、体前屈提杠铃、肩负杠铃向前跳、肩负杠铃提踵、胸前持杠铃仰卧起坐、肩负杠铃弓步交换跳、前后分腿跳、多级跳、立定跳远、肋木悬垂举腿、脚负重仰卧两头起、引体向上、高支撑俯卧撑、平地俯卧撑等。主要以发展上、下肢力量为主。

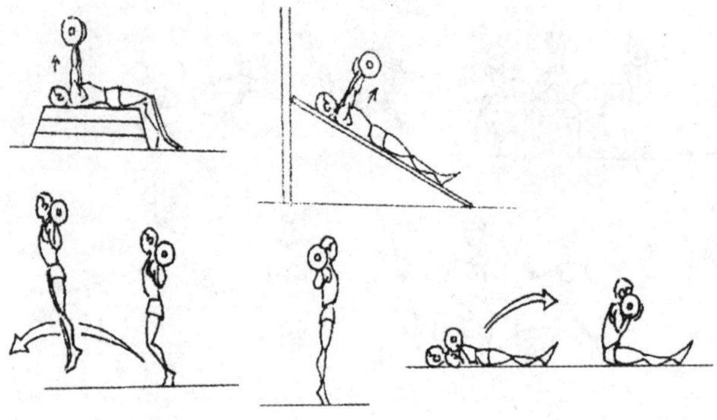

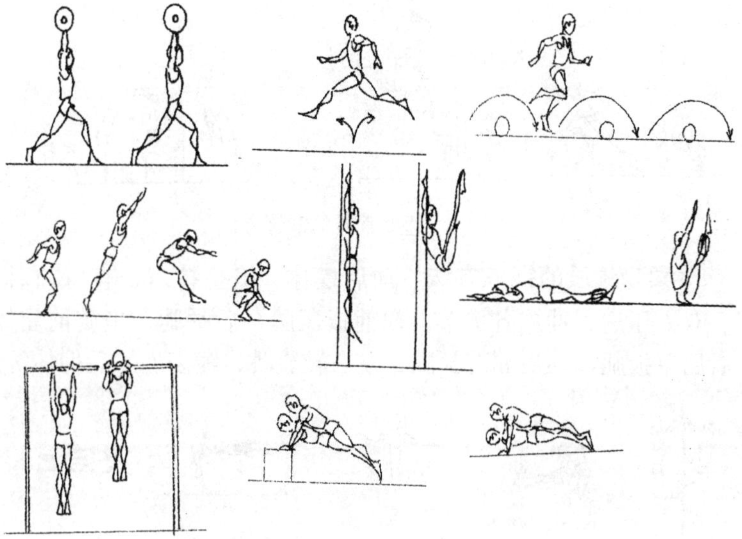

图 4－4　力量素质的锻炼方法

4. 速度素质的锻炼方法　快速立起、快速蹲起、原地快速高抬腿、反应纵跳、两人快速传球、双人躲闪踩脚、跳绳、运动感觉起跑、负重上台阶加速跑、屈膝跳上跳下等。

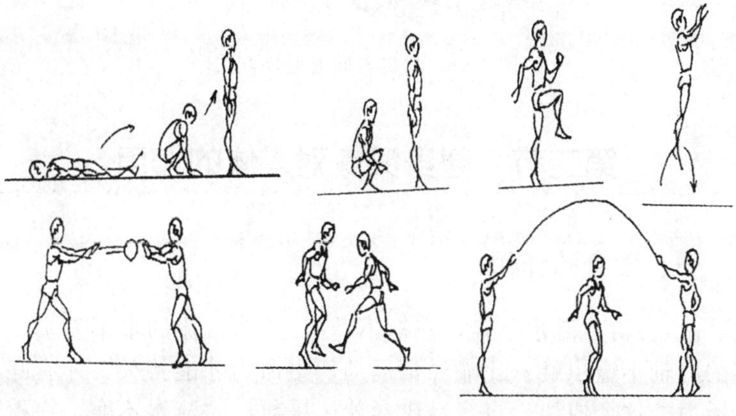

图 4-5 速度素质的锻炼方法

5. 柔韧素质的锻炼方法 前后摆体、跪坐拉肩、直臂前后绕环、双人压肩、伸展各关节、向前扳压腿、后举腿、坐姿前屈体、体后屈单扳腿、体后屈双扳腿、左右转髋跳、跪姿屈膝后仰体等。

图 4-6 柔韧素质的锻炼方法

第二节 健身锻炼对人体的作用

一、健身的作用

古人云:“流水不腐,户枢不蠹”。意指常流的水不发臭,常转的门轴不遭虫蛀。比喻经常运动,生命力才能持久,才有旺盛的活力。这个成语出自《吕氏春秋·尽数》:“流水不腐,户枢不蠹，动也。”可见运动在古人心中的重要性，周文王姬昌在《周易》里说“天行健，君子以自强不息”，意思是宇宙不停运转，人应效法天地，永远不断运动不断前进，当然这不仅仅指体育类运动。

古人尚且如此，当下，我们更应懂得健身的好处，那么，健身的作用有哪些呢？

1. 运动可使肌肉发达，骨骼坚固，关节灵活。经常运动可改善骨骼代谢，使骨骼变得坚实，反之，缺乏运动的人，特别是中老年人，会发生骨质疏松症，骨骼松脆易折。

2. 运动可增强心血管的功能。坚持长期体育锻炼的人，心脏收缩有力，可以使供应心脏组织的冠状动脉的口径加大，增加单位组织中毛细血管的数量。

3. 运动可增强肺功能，特别是经常参加耐力运动，如长跑、划船或游泳的运动员，肺活量明显增加。

4. 运动可促进体内的物质代谢，机体对能源物质和氧的利用更充分，有利于节约能源，减轻心血管的负担。

5. 运动还可以调节中枢神经系统的兴奋与抑制过程，使之活动趋于平衡，反应灵活，有利于适应外界环境的变化。

6. 运动还能增强免疫力，有利于增强抗病能力。

7. 运动除了对人体的生理机能产生有利作用外，还会对人的心理产生积极的影响。

8. 适当的运动可以缓解精神压力，有利于消除一些同心理紧张有关的不良行为，如吸烟、酗酒、过食等。

9. 运动可以对抗焦虑或抑郁状态，可以改善睡眠，在这方面，适量的运动所产生的效果甚至优于药物。

10. 运动还有利于培养坚韧不拔、不畏艰难的顽强意志和勇敢拼搏的奋斗精神，形成良好的心理素质。

二、常见的健身问题

（一）健身气功的作用

气功对人体阴阳具有双向调节作用。一是练气功具有补阳作用。《素问·阴阳应象大论》云："味归形，形归气，气归精，精归化。"这里"形""精"属于阴的范畴，中医学认为，形、精可以转为功能，是阳源于阴的正常生理现象。但当机体功能亢进时，则可使形、精耗伤。气功锻炼后，人的交感神经兴奋强度减弱，人体代谢降低，应激状态得以纠正，亢进的功能得以调整，这些都是气功抑阳扶阴作用的具体表现。二是习练健身气功具有平衡阴阳的作用。国内一些学者研究时把 CAMP 和 CGMP 的双向控制系统和传统的阴阳学说紧密结合起来，认为健身气功锻炼对二者的调节作用表明，健身气功确实起到了促进人体阴阳平衡的积极作用。

（二）健身跑对人体有哪些好处

慢跑并跑得长一点可消耗人体内蓄积的多余热量，这种主动的消耗是降低血脂、血糖、血压的最好辅助方法。

（三）倒走健身为何对人体健康有益

倒走健身是一种反序运动。平时我们都是正走，因此倒走对我们来说是一个全新的动作，运动时存在一定的难度和危险性，这样就会刺激大脑，使我们进行一个学习和练习新事物的过程。现代医学证实，倒走时，可以使一些平时很少活动的关节和肌肉得到充分的运动，例如腰脊肌、股四头肌以及踝膝关节旁边的肌肉、韧带等。这样，脊柱、肢体的运动功能就能得到调整，血液循环更顺畅，机体平衡能力也更强。此外，倒走还有防治腰酸腿痛、抽筋、肌肉萎缩、关节炎等疾病的功效。同时，如果能够长期坚持，人体的小脑对方向的判断力以及对人体机能的协调力都将得到很好的锻炼。

（四）锻炼的最佳时间是清晨吗

专家指出，傍晚时分锻炼最有益。人的各种活动都受"生物钟"的影响，一般而言，无论是身体的适应能力，还是体力的发挥，均以下午和接近傍晚时最佳。而在清晨，运动时的血压与心率都较傍晚时明显升高，因此不是锻炼的最佳时间。

也有人说早晨空气污染严重。白天汽车尾气等污染很严重，还能放出重金属和一些化学废物，如铅、苯等，造成空气质量差，二氧化碳多，不宜活动。

但我们也要因人而异，根据各自工作、生活及家庭的具体情况而定，不要一刀切。究竟什么时间锻炼最好，不是绝对的。

（五）为什么清晨跑步锻炼，不宜选择路边

在公园里慢跑，呼吸清新的空气对人体健康非常有利。但在车水马龙的马路边慢跑就不太合适了。马路上的灰尘、尾气非常不利于健康。在马路边跑步，肺活量虽然得到了提升，但却会吸入更多的灰尘和尾气，无形中就加剧了污染物对身体的损害。所以晨跑和锻炼适宜选择在公园等安静又相对干净的地方进行。

（六）清晨锻炼先饮水的原因是什么

清晨饮水后进行锻炼，运动时肢体动作和腹肌收缩都能使水分在胃肠内来回晃动，相当于给胃肠做了一次清洗，有利于排毒和增强消化、吸收功能。

（七）雾天为何不能锻炼

锻炼时如果遇上雾天，最好不要剧烈运动。因为雾是飘浮在地球表面低空中的细小水珠，水珠中溶解了一些酸、碱、盐、胺、苯、酚等有害物质。在细小的水珠中，还同时沾带了一些尘埃、病原微生物等有害物质。在雾中做剧烈活动，机体某些敏感部位接触这些有害物质并大量吸入，可能引起气管炎、喉炎、眼结膜炎和过敏性疾病。吸入密度大的雾气，肺泡内的气体交换还会受到影响，引起人体供氧不足。雾中跑步也会感觉胸中憋闷，有压迫感，易疲乏。因此，在有雾的天气，可以灵活改变锻炼方法，做些室内锻炼项目。

（八）运动过度，膝盖滑膜炎如何治疗

膝关节滑膜炎与剧烈运动、膝关节磨损、关节退行性病变有关系。

建议：滑膜炎可以涂抹复方水杨酸甲酯乳膏，局部热敷，配合远红外线理疗贴膏进行治疗。注意休息，避免剧烈运动，避免关节受寒刺激。

三、锻炼时如何安排时间和运动量

国外许多学者研究揭示：人体一昼夜间机体能力状态是变化的。每天8～12时、14～17时是肌肉速度、力量和耐力处于相对最佳状态的时间，若在此时间里进行锻炼和运动训练，将会收到更好的效果。而3～5时、12～14时则处于相对最低态，如果在此时间里从事体育运动，易出现疲劳，且“负荷量”过大时，发生运动损伤的概率大。

这说明，人们应该根据客观条件的可能性，尽量选择相对最佳时间去从事体育活动，以期收到好的健身和训练效果。

无论是早上锻炼，还是下午锻炼，运动都要适量。对于健康而言，从什么年龄开始运动都有效，有时间多锻炼，没时间少锻炼，只要动起来就好，哪怕只是一招一式。

运动，需要因人制宜，还应该是循序渐进，开始的时候活动不要太剧烈，以后逐步地增加运动量，而不仅是简单地活动一下，就能解决问题。衡量运动是不是过量，除了可以用心率来反应外，还有一个最简便的办法就是谈话实验，如果运动的过程中喘得都说不上话了，就说明运动过量了。

不管做什么运动，尤其对于中老年人，从锻炼身体来说，适合做的是全身性的活动。比如说游泳、跑步、走路，这些都可以，做体操也行。但是总要达到一定的量。有一种“三、七”的说法。所谓“三”，就是每次运动的时间应该在30分钟以上。如果运动的时间在20分钟以内，强度也不算很大，恐怕最多就是消耗一点血液循环当中的血糖吧，起不到减肥或者是消耗体内过多脂肪的作用。“七”主要是指运动量，要适度，七分为好，不要足量或超量，否则就会超负荷运转，对身体并不益。

四、锻炼与饮食之间的关系

锻炼时要处理好与饮食的关系，需要注意的是，吃得特别饱以后，不宜立即进行运动。

（一）为什么说清晨空腹锻炼是不好的

体育锻炼是要消耗人体能量的。而人体的能量供给主要来自食物、体内脂肪分解或肝糖原分解。人在晚上停止了进食和饮水，但身体的呼吸、排尿、出汗等仍在继续，经过一夜的消耗后，早晨的人体能量处于不足状态，同时，早晨是人一天里肝脏中含肝糖原最低的时候，如果早晨进行空腹锻炼，其所需要的能量就主要来自体内脂肪的分解，这样会导致人体血液中的游离脂肪酸大大增加，从而影响到心脏，有可能造成心律失常。同时，由于清晨人体处于微缺水状态，血液浓缩、黏稠性增加，容易形成血栓堵塞血管，长期空腹晨练对身体会产生不利影响。因此，晨练最好吃点食物或喝杯开水后再进行比较合适。

（二）为什么运动后不能马上喝水

在运动以后体温是增加的，又要出汗，又要排水，这样反复的大量饮水，容易导致水中毒。运动后不能只喝白开水或清水，里面要加一点盐。如果运动后，马上喝很多白水，里面又没有电解质，水分要进入脑细胞内，引起脑细胞的水肿，轻者可能头晕、呕吐，重者还有精神症状。

（三）夏天运动是运动前后喝水好还是边运动边喝水好

运动前半小时可以多喝水，主要以润喉为主。运动中最好是喝运动饮料补充糖分和适量的盐，保证运动顺利进行。运动后要少许喝水，半小时后可以大量补水。但也不是绝对的，要以具体运动项目及其特点而定。

（四）运动以后怎么喝水

运动的前后喝水比较有讲究。运动的时候会大量排汗。水分就要丢失，如果等到口渴再去喝水，就失去平衡了。因此我们应该在运动前就喝水。运动后会丢失汗液，同时还会丢失一些电解质，一定要少量多次饮水，控制饮水量。

五、2018 年全国“全民健身日”活动

（一）国家出台开展 2018 年全国“全民健身日”活动的通知

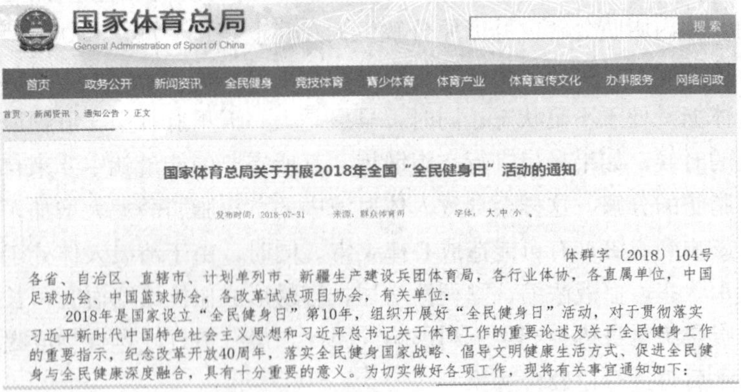

国家体育总局关于开展2018年全国“全民健身日”活动的通知

发布时间：2018-07-31　来源：群众体育司　字体：大 中 小

体群字〔2018〕104号

各省、自治区、直辖市、计划单列市、新疆生产建设兵团体育局，各行业体协，各直属单位，中国足球协会、中国篮球协会，各改革试点项目协会，有关单位：

2018年是国家设立“全民健身日”第10年，组织开展好“全民健身日”活动，对于贯彻落实习近平新时代中国特色社会主义思想和习近平总书记关于体育工作的重要论述及关于全民健身工作的重要指示，纪念改革开放40周年，落实全民健身国家战略、倡导文明健康生活方式、促进全民健身与全民健康深度融合，具有十分重要的意义。为切实做好各项工作，现将有关事宜通知如下：

图 4-7　全民健身日活动

（二）体育总局推出十项举措，解决群众健身难问题

2018 年 8 月 2 日，在“全民健身日”即将到来之际，国家体育总局在京发布了《中国群众体育发展报告（2018）》（以下简称《报告》）。《报告》发布会现场，总局群众体育司副司长邱汝介绍了目前总局在解决群众健身难问题方面所推出的十项举措，其中重点在于破解“健身去哪儿”的难题。

1. 建设一批健身步道　结合森林防火道、防洪设施、城市绿地、美丽乡村等建设项目，规划建设形式多样的群众身边的健身步道，以此为载体，推动全民健身活动广泛开展，带动县域经济发展，助力脱贫攻坚，决胜全面小康。

2. 建设一批体育公园　在现有的公园内加入各种体育设施，改造升级为体育公园，新规划建设一批体育公园，设置多项群众喜闻乐见的体育项目，为百姓打造身边健身好去处。

3. 建设一批社区健身中心 率先在中心社区、中心村建设百姓喜爱、室内室外结合的社区健身中心，再向周边空间逐步推开。原则上每个社区要建一个社区健身中心，社区健身中心采用全国统一标识系统。

4. 建设一批智能健身房 动员市场主体参与，在小区和人口相对集中的区域，建设一批无人值守、方便实用、价格便宜的智能健身房，方便老百姓全天候便利健身。

5. 建设一批“双改”体育场馆 改造场馆功能，在现有体育场馆内增建全民健身设施，方便百姓健身；改革运营机制，从事业单位管理逐步改成企业运营，激活全民健身的存量资源。

6. 建设一批群众体育业余俱乐部 以群众体育业余俱乐部的发展，带动群众体育和青少年体育技能普及。

7. 建设一批街边镶嵌式的健身点 在街边绿地、城市拆迁改造产生的“金角银边”等，建设嵌入式的健身设施，如笼式足球、笼式篮球等，方便百姓健身。

8. 建设一批商场、旧厂房改造的体育设施 利用现有土地资源，低成本建设体育设施。让运动设施走进商场、旧厂房，特别是建设室内冰雪运动设施，助力“三亿人参与冰雪运动”。

9. 建设一批共享健身服务平台 鼓励社会和市场力量，建设一批共享健身服务平台，平台可提供教练授课、租赁场地、购买装备、开具运动处方等远程服务。

10. 建设一批体育运动休闲综合体 利用旧商场、旧厂房、景区、营地、体育小镇、美丽乡村等，打造体育运动休闲综合体，为百姓提供各具特色的全民健身服务消费基地。

知识拓展

国家体育总局发布科学健身18法，主要活动肩颈、腰部和下肢，我们一起来跟着学一学。

图 4-8　科学健身 18 法发布

国家体育总局和中华全国体育总会 2018 年 8 月 7 日在北京向全社会发布"科学健身 18 法"。

"科学健身 18 法"由国家体育总局体育科学研究所创编，由 18 个针对肩颈部、腰部、下肢关节和肌肉科学运动的小妙招组成，通过接地气、科普化的形式展现，力求达到"一看就懂、一学就会、一练就有效"的效果。"科学健身 18 法"旨在广泛传播科学健身新观点，积极推广"科学运动是良医"的全新理念，针对现阶段大众普遍存在的"不健身"和"不会健身"的问题，通过研发科学健身小妙招，积极引导全民科学健身，倡导健康生活方式。该方法适宜各类人群，不受场地和环境限制，可利用碎片化时间完成简单的运动锻炼，从而达到科学健身、放松身体和预防损伤的功效。

缓解肩颈紧张的 6 个方法：

1. 懒猫弓背　提高胸椎灵活性，改善肩背不适，防止驼背，预防和延缓肩部、腰部劳损。

2. 四向点头　放松颈部肌肉，改善肩颈部不适，预防颈椎病。

3. 靠墙天使　提高肩部灵活性和肩胛稳定性，缓解肩颈部紧张。

4. 蝴蝶展臂　提高肩胛稳定性，改善圆肩驼背姿态，提高肩关节力量，改善肩颈部紧张。

5. 招财猫咪　提高肩胛稳定性，增加肩袖力量，缓解肩颈部紧张，肩部塑型。

6. 壁虎爬行　提高核心稳定性，改善协调性，强化上肢力量，缓解肩颈部紧张。

缓解腰部紧张的6个方法

1. “4”字拉伸　拉伸臀部肌肉，提高髋关节灵活性，缓解腰部紧张。

2. 侧向伸展　拉伸躯干侧面肌肉，改善肩颈部和腰部紧张。

3. 站姿拉伸　改善下背部紧张，预防腰部和膝关节劳损。

4. 左右互搏　提高髋关节稳定性，强化内收肌力量，提高上肢力量。

5. 靠椅顶髋　激活人体后侧链，改善圆肩驼背，强化身体后侧的力量。

6. 坐姿收腿　提高核心力量，提高身体控制能力。

缓解下肢紧张的6个方法

1. 足底滚压　改善足底筋膜弹性，改善步态，缓解下肢紧张，缓解疲劳。

2. 对墙顶膝　提高踝关节灵活性，改善步态，缓解下肢紧张。

3. 单腿拾物　提高身体平衡与稳定能力，防止跌倒，缓解下肢紧张。

4. 足踝绕环　提高踝关节灵活性和力量，缓解下肢紧张。

5. 单腿提踵　提高身体平衡与稳定能力，提高下肢力量，缓解下肢紧张。

6. 触椅下蹲　提高下肢力量和稳定性，提高核心稳定性。

第三节　肥胖的危害及产生原因

一、我国肥胖现状

肥胖，大家并不陌生，肥胖人是越来越多。肥胖正悄悄地威胁着我国居民的健康，肥胖是一种病，世界卫生组织研究表明，肥胖可能成为未来第一致癌因素。

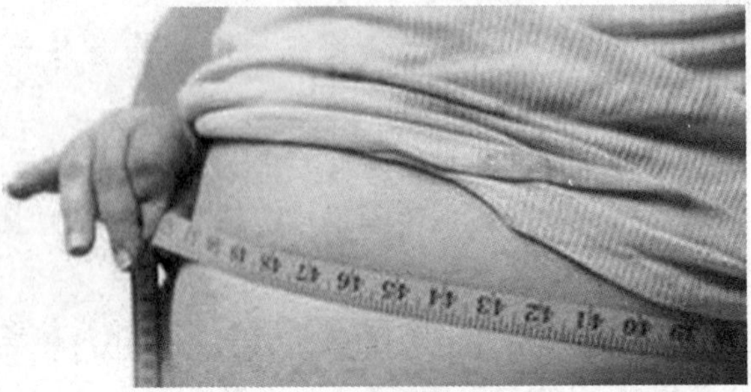

图 4-9　肥胖状况

肥胖主要是指一定程度的明显超重与脂肪层过厚，是体内脂肪，尤其是甘油三酯积聚过多而导致的一种状态。由于食物摄入过多或机体代谢的改变而导致体内脂肪积聚过多造成体重过度增长并引起人体病理、生理改变或潜伏。

是否肥胖是通过体质指数来算的。体质指数（BMI-Body Mass Index）是评估身高和体重比例的参考指数。它的计算公式为：体重（千克）除以身高（米）的平方。BMI 是与体内脂肪总量密切相关的指标，主要反映全身性超重和肥胖。由于 BMI 计算的是身体脂肪的比例，所以在测量身体因超重而面临心脏病、高血压等风险上，比单纯地以体重来认定，更具准确性。

2017 年我国健康调查数据：肥胖指数再度飙升 17%左右。现

图 4-10　常规体质指数标准（千克/米²）

在增长的速度非常快，特别是在青少年中间增长的速度比较快。“肥胖已经成为社会问题!”不少成年人感慨。

一些调查数据显示，如今我国的肥胖人口位居世界第一位。拥有 4 320 万肥胖男性和 4 640 万肥胖女性，分别占全球的 16.3%和 12.4%。另外还有数据显示，北方地区减肥人群肥胖率（身体质量指数 BMI≥28.0，成人的 BMI 数值 28～32 就是肥胖）平均超过 35%，而南方地区减肥人群肥胖率平均只占 27%，这可能与气候及饮食习惯有关。

肥胖问题“将给健康带来前所未有的威胁”，重度肥胖危机正步步逼近，高脂、高糖饮食导致的疾病将越来越多。而且，对于肥胖导致的包括糖尿病在内的有些疾病，还没有有效的根治手段。

二、肥胖的危害

肥胖不仅影响形体美，而且给生活带来很多不便，更重要的是

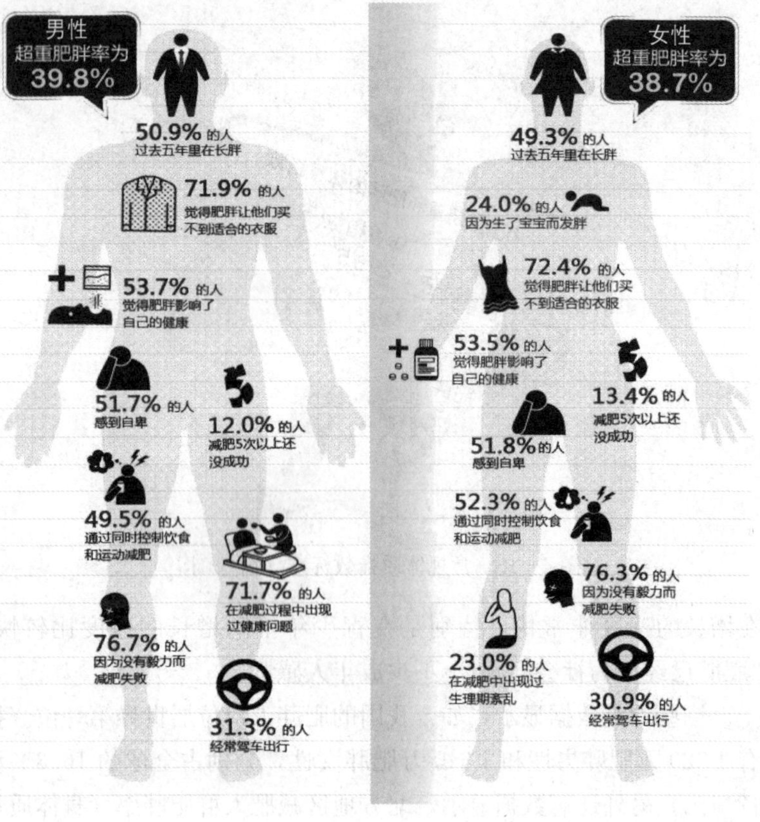

图 4-11　2017 年中国健康调查数据

容易引起多种并发症，加速衰老和死亡。难怪有人说肥胖是疾病的先兆、衰老的信号。肥胖会给人们带来很多危害，因此应该多加以重视，下面介绍肥胖带来的危害。

（一）健康长寿之大敌

肥胖能诱发多种疾病，影响健康。据统计肥胖者并发脑栓塞与心衰的发病率比正常体重者高 1 倍，患冠心病比正常体重者多 2 倍，高血压发病率比正常体重者多 2～6 倍，合并糖尿病者较正常人约增高 4 倍，合并胆结石病者较正常人高 4～6 倍，更为严重的是肥胖者的寿命将明显缩短。据报道，超重10%的45岁男性，其寿命比正常体重者要缩短4年。

（二）影响劳动力，易遭受外伤

身体肥胖的人往往怕热、多汗、易疲劳、下肢水肿、静脉曲张、皮肤皱折处易患皮炎等，严重肥胖的人，行动迟缓，行走活动都有困难，稍微活动就心慌气短，以致影响正常生活，严重的甚至丧失劳动力。

（三）易发冠心病及高血压

肥胖者脂肪组织增多，耗氧量加大，心脏做功量大，使心肌肥厚，尤其左心室负担加重，久之易诱发高血压。脂质沉积在动脉壁内，致使管腔狭窄，硬化，易发生冠心病、心绞痛、中风和猝死。

（四）易患内分泌及代谢性疾病

伴随肥胖所致的代谢、内分泌异常，可引起多种疾病。糖代谢异常可引起糖尿病，脂肪代谢异常可引起高脂血症，核酸代谢异常可引起高尿酸血症等。肥胖女性因卵巢机能障碍可引起月经不调等。

（五）肥胖者易患癌症

根据流行病学调查的结果，肥胖妇女更容易患子宫内膜癌和绝经后乳腺癌，肥胖男性则更容易患前列腺癌；而且只要是肥胖者，无论男女都更容易患结肠癌及直肠癌。肥胖的程度越严重，上面几种癌症的患病率就越高。

（六）对肺功能有不良影响

肺功能的作用是向全身供应氧及排出二氧化碳。肥胖者因体重增加需要更多的氧，但肺不能随之增加功能，同时肥胖者腹部脂肪堆积又限制了肺的呼吸运动，因此可造成缺氧和呼吸困难，最后导致心肺功能衰竭。

（七）易引起肝胆病变

由于肥胖者的高胰岛素血症使其内因性甘油三酯合成亢进，就会造成在肮脏中合成的甘油三酯蓄积从而形成脂肪肝。肥胖者与正常人相比，胆汁酸中的胆固醇含量增多，超过了胆汁中的溶解度，因此肥胖者容易并发高比例的胆固醇结石。在外科手术时，约由30%左右的高度肥胖者合并有胆结石。胆结石病在以下情况下发病的较多：肥胖妇女，40 岁以上，肥胖症者与正常体重的妇女相比其胆结石的发病率约高 6 倍。

（八）会增加手术难度、术后易感染

肥胖者会增加麻醉时的危险，手术后伤口易裂开，感染坠积性肺炎等并发症的机会均较正常体重者为多。

（九）易引起运动系统疾病

肥胖者过度增加的体重，对骨骼和关节等运动系统，特别是对脊椎和下肢是一种额外的负担。骨骼、关节等组织长期支撑过重的体重，犹如每天扛着多余的东西，久而久之，必然积劳成疾，发生关节炎、肌肉劳损或脊神经压迫，引起腰腿肩背酸痛，甚至造成关节变形，严重影响肢体活动。

（十）阻碍营养吸收

肥胖是一种营养障碍。长期以来，有些人总以为只要长得腰圆体胖，就意味着营养良好。其实，肥胖并不等于营养良好，它与消瘦一样，都是营养障碍所致，二者所不同的是体内脂肪的多少。肥胖不仅是体内脂肪过剩，同时也存在着某些营养成分的缺乏。如许多肥胖的儿童，体内常常伴有铁、钙等微量元素的不足，引起缺铁性贫血、软骨病等多种营养缺乏性疾患。

三、肥胖产生的原因

人为什么会长胖？这可能是很多肥胖人群想要了解的问题。科学研究发现，不同个体对能量摄入、食物的生热作用和体重调节反应不同，会受遗传特点（如生理、代谢）和生活方式（如社会、行为、文化、膳食、活动量和心理因素）影响。但即使存在遗传因素影响，肥胖的发生、发展也是环境因素及生活方式等多种因素间相

互作用的结果。也就是说，肥胖是由多种因素引起的，不能简单地用单一因素来解释。

大体上是由饮食行为、生活方式、社会因素、遗传特点四个方面的原因。但在这些原因里，最重要的两个因素是饮食行为和生活方式。

（一）饮食行为

随着我国经济发展和食物供应丰富，人们对食物能量的基本需求满足以后，膳食模式发生了很大变化。同时随着社会的发展，工作压力的增大，进食行为也在发生着改变。含脂肪多而其他营养素密度低的膳食模式，引起肥胖的可能性最大。

进食行为是影响肥胖发生的重要因素。第一，经常性的暴饮暴食、夜间加餐、喜欢零食，尤其是感到生活乏味或在看电视时进食过多零食，是许多人发生肥胖的重要原因。第二，吃快餐食品。快餐食品往往富含高脂肪和高能量，经常食用会导致肥胖，并有引起某些营养素缺乏的可能。第三，家庭中备餐量往往超出实际需要量较多，为了避免浪费而将多余的食物吃下，也可能是造成进食过量的原因之一。

（二）生活方式

随着现代交通工具的日渐完善，职业性体力劳动和家务劳动量减轻，人们处于静态生活的时间增加。坐着看电视是许多人在业余时间的主要休闲消遣方式，成为发生肥胖的主要原因之一。有些人因肢体伤残或患某些疾病而使体力活动减少。或者一些运动员在停止经常性锻炼后未能及时相应减少其能量的摄入，都可能导致多余的能量以脂肪的形式储存起来。

我们知道，运动有助消耗脂肪，在日常生活中，随着交通工具发达、工作机械化、家务量减轻等，使得人体消耗热量的机会更少，另一方面摄取的能量并未减少，从而形成肥胖，导致日常的活动越趋缓慢、慵懒，再次减低热量的消耗，导致恶性循环，助长肥胖的发生。

像现在外卖已经成为一种时尚，外卖行业在不断盛行，人们一个电话，一条微信，送饭到家，非常方便。从而导致人们走路活动的时间在渐渐减少，这也是引起肥胖的一个隐性原因。

图 4－12　外卖已成为一种时尚

（三）遗传特点

父母的体质遗传给子女时，并不是由一个遗传因子，而是由多种遗传因子来决定子女体质，所以称为多因子遗传。例如非胰岛素依赖型糖尿病、肥胖，就属于这类遗传。父母中有一人肥胖，则子女有40％肥胖的概率；如果父母双方皆肥胖，子女肥胖的概率升高至 70％～80％。遗传因素对肥胖形成的作用占 20％～40％。

（四）社会因素

经济发展和现代化生活方式对进食模式有很大影响。政策、新闻媒体、文化传统以及科教宣传等，对膳食选择和体力活动都会产生很大影响。然而广告中所宣传的食品，许多是高脂肪、高能量和高盐的方便食品和快餐食品，对消费者饮食行为的误导不容忽视。

在外就餐和购买现成的加工食品及快餐食品的情况增多，其中不少食品的脂肪含量过多，特别是经常上饭店参加宴会和聚餐者，常常进食过量。经常性吃肉过多（尤其是猪肉含较多脂肪和蛋白质）容易导致消化器官（肠道、肝脏）和肾脏负担过重，脂肪在体内蓄积，不利于健康。

（五）心理的因素

为缓解不顺心事带给人们的烦恼、愤怒和情绪上的不稳定时，不少人也是用吃来发泄，以进食消愁。这都是引起饮食过量而导致肥胖的原因。

四、肥胖症患者的科学健身方法

在各种减肥方法难辨其真伪的今天，越来越多的人相信饮食均衡，生活习惯良好（行为疗法）、再配合适当运动，才是科学、有效的减肥好方法。

（一）饮食、营养均衡

营养是用来促进人体及人体细胞的生长、再生、修补与新陈代谢的，如要通过改变饮食来减肥，应重点加强维生素与纤维素的摄入，减少糖与脂肪，蛋白质适量。牢记以下7条：

1. 多吃富含维生素、纤维素的新鲜瓜果蔬菜。

2. 不吃含高糖、高盐或高脂的垃圾食品，如蜜饯（水果舍去维生素与水分后，留下的糖与渣）。

3. 蔬菜最好是凉拌或生吃，凉拌用油少，营养又好吃。

4. 菜汤其实没什么营养，而盐和油又很多，千万别吃。

5. 延长进食时间可降低食欲（胃饱后把饱的信息传到大脑需15分钟）。

6. 用餐顺序应先吃蔬菜，再吃粮食加蔬菜，最后吃肉类，这种顺序能使人们多吃蔬菜，少吃粮食与肉类。

7. 多动脑、多运动也非常重要。活动可使人四肢发达且消耗热量。

（二）行为疗法

改变日常生活行为方式是减肥的根本要求，尤其是对中青年肥胖者来说，大部分是在参加工作后不注意培养良好的饮食习惯和运动少造成的，因此，要注意行为疗法。

1. 要改变原来不太合理的饮食习惯，如少吃高脂肪、高热量的食物，限制进餐的次数，改变进食的方式，如慢食、提前进餐、吃流食、吃蔬果餐等。

2. 改变饮食的坏习惯，如睡前不吃东西，不在看电视时吃饭或吃其他东西。不暴饮暴食，少喝酒，特别是啤酒，做到一日三餐，晚餐吃得量少。

3. 增加运动。增加日常活动量，如开车出行改为骑车或步行，不坐电梯上下楼，制订每周至少 3 次以上的体育活动计划，改变不运动的习惯，努力抽空参加锻炼。这些运动可选择中低强度、时间较长（30 分钟以上）的有氧运动。

（三）科学运动减肥

目前最普遍、最流行的减肥方法是通过运动进行减肥。它既消耗体内多余的脂肪，又能使身体的各器官系统功能得到改善，对肥胖者来说是最好的减肥途径。运动强度大小，时间长短及运动的次数都与能否最大限度消耗体内脂肪有密切关系。目前采用的减肥方法大多为有氧运动减肥，要求运动强度以中低强度为主，时间不少于 30 分钟，每周至少 3 次。当然刚开始时，时间可稍短些（20 分钟以上），然后慢慢增加运动的时间可达 60 分钟以上。因为运动训练初期消耗的能量 70%为糖，30%为脂肪，随着时间的延长（30 分钟以上），使脂肪运动加强及脂肪大量水解，这时脂肪的消耗能量占总耗量的 50%以上，从而达到减肥目的。

1. 运动训练与能量消耗。运动训练（30 分钟以上的有氧训练）可增加能量消耗。主要是肌肉对血液中游离脂肪酸和葡萄糖的摄取和利用增多，使脂肪细胞释放出大量游离脂肪酸，从而使脂肪细胞缩小变瘦，同时使体内糖转化成脂肪的热量减少。

2. 提高心肺功能。运动训练可以提高心肺系统功能，提高身体素质，提高基础代谢率，减少肥胖并发症的发生和发展。

3. 不宜选择偏大的运动强度进行长时间运动，以免造成低血糖而引起饥饿。

4. 体重过大的人在锻炼初期应选择不负重的活动项目，如游泳、自行车、划船等，以避免因体重过大而造成的膝、踝关节的损伤。

因此，要达到全身减肥的目的，就应做低中强度、长时间（30分钟以上）的耐力性有氧代谢全身运动。例如健身操、快走、慢长跑、长距离长时间的游泳等。

(四)“三减三健”生活方式

“三减三健”是我们提倡的健康生活方式。“三减”即减盐、减油、减糖。“三健”是健康口腔、健康体重、健康骨骼。

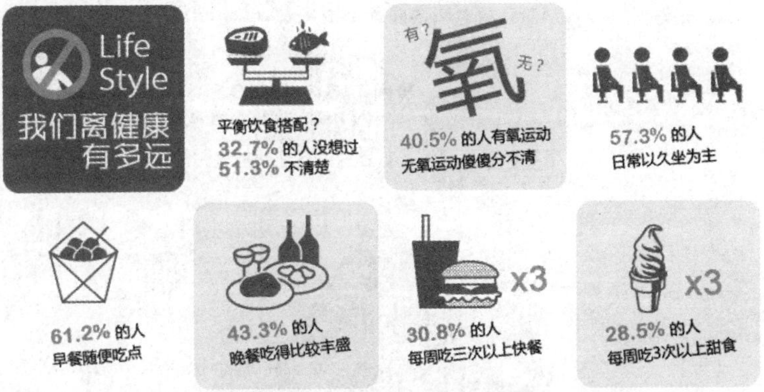

图 4－13 日常生活方式调查

1. 减盐。盐是人体必须摄入的食品，但是它多了以后会对人体造成危害，是引发高血压症的危险因素，高血压可以造成脑卒中、冠心病等。

2. 减油。我国居民膳食指南推荐每天摄油量是 20～30 克。据调查数据量，目前人均每天摄油量为 42 克左右，已经超标很多。带来比较大的问题是脂肪摄入太多，能量过高，容易消耗不掉，造成高脂血症和肥胖，糖尿病和高血压随之而来。

3. 减糖。倡导大家喝白开水，不要喝含糖饮料。添加糖，糖多了也可以转化成脂肪，直接造成糖尿病、心血管病危险的因素。

4. 健康口腔，尤其是儿童的龋齿率和老年人这两个人群。

5. 体重健康，多数是超重肥胖。要科学减肥，保持适当体重。健康的体重是我们保证健康的重要环节。

6. 健康骨骼。它和体重是一样重要的，儿童缺乏体育运动，糖或碳酸饮料造成不良影响。老年人容易骨质疏松，跌倒。

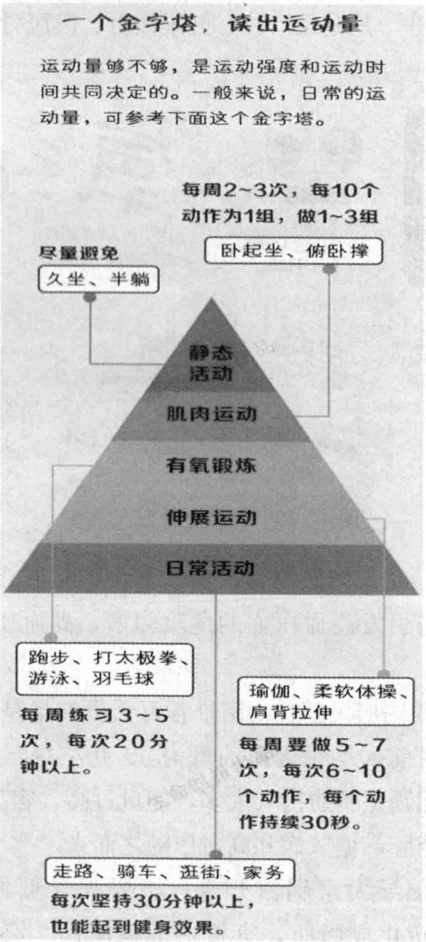

图 4-14　金字塔形运动处方

减肥小知识

减肥一定要吃早餐。任何肥胖都与气血有关，早上7～9时是胃工作时间，9～11时是脾运化时间，如果8点前不吃早餐，脾就会空运化，气血不足，不能滋养脏腑，脏腑功能也逐渐下降，代谢就会减慢，就会囤积脂肪。所以不吃早饭是减不了肥的，而且越减越肥。打个比方，人不吃早饭就像车不加油，车没油不能开，人不吃早饭代谢也会减慢。

五、运动减肥的误区

一些肥胖者总抱怨运动减肥难以得到满意效果，其实，不少运动减肥者的失败往往与其错误的观念和做法有关，不适当的运动有可能反而增重。

（一）大强度运动

若运动强度加大，人体所需的氧气和营养物质及代谢产物也就相应增加，这就要靠心脏加强收缩力和收缩频度，增加心脏输出血量来运输。做高强度运动时，心脏输出血量不能满足机体对氧的需要，使机体处于缺氧的无氧代谢状态。无氧代谢运动不是动用脂肪作为主要能量释放，而主要靠分解人体内储存的糖作为能量释放。因在缺氧环境中，脂肪不仅不能被利用，而且还会产生一些不完全氧化的酸性物质，如酮体，降低人体运动耐力。短时间高强度的运动后，血糖水平会降低，进而引起饥饿。这时人们往往会食欲大振，这对减肥是极为不利的。

（二）短时间运动

在进行有氧运动时，首先动用的是人体内贮存的糖来释放能量；在运动30分钟后，便开始由糖释放能量向脂肪释放能量转化；约运动1小时左右，也就是说，在脂肪刚开始分解的时候，人们就停止了运动，其减肥效果自然不言而喻。

（三）快速爆发力运动

人体肌肉是由许多肌纤维组成的，主要可分为两大类：白肌纤维和红肌纤维。在运动时，如进行快速爆发力锻炼，得到锻炼的主要是白肌纤维，白肌纤维横断面较粗，因此肌群容易发达粗壮。用此方法减肥会越练越“粗”。

第四节　农村体力劳动不能代替体育锻炼

关于农村体力劳动能否等同于体育锻炼，可参见第二章第三节。本节主要从其他方面来讲解这个问题。

一、农村体力劳动和体育锻炼的区别

（一）体力劳动

体力劳动是要付出相当体力的，往往使人身体很累，但是体力劳动的动作比较单一，不能活动整个身体。比如说农民割水稻，抓一割一放，周而复始，动作变化不大。

图 4－15　体力劳动

体力劳动者的健康，与劳动条件和劳动环境有着密切的联系。它主要活动的是肌肉和骨骼。

（二）体育锻炼

体育锻炼有各方面的练习，如打篮球、打羽毛球、打乒乓球以及跑步、走步等，锻炼的强度都不相同，它们各有千秋，不可替代。

二、体力劳动≠体育锻炼

在农村，有些从事体力劳动的人认为，自己在劳动中身体活动的强度、体力消耗都已很大，与那些坐办公室、长时间缺乏体力活动的人们不一样。如果在体力劳动之后进行体育锻炼会使身体的疲劳更加严重，因此，可以不必再进行什么体育活动了。其实，这种观念是不正确的。体力劳动可以起到锻炼身体的作用，但是，劳动与体育锻炼终究是两回事。

体力劳动不能代替体育锻炼，原因主要有以下几个方面：

（一）活动部位不同

体力劳动对身体的影响一般局限在某些部位的组织和器官，往往只能有一个或几个肌肉群活动，长年累月的单一劳动，会使人感到疲劳。长时间局部劳动的结果，会使身体某一部分肌肉负担过重，使身体的另一部分肌肉活动减少，造成肌肉力量间的不平衡。如长时间站立，会使下肢血液回流障碍，导致下肢静脉曲张；长期单调的弯腰动作，容易引起腰肌劳损。

相比之下，体育运动则不同。体育锻炼多种多样，而且不是简单的"动"，它能够使全身各部位得到全面的发展，使人体各器官机能的潜力充分发挥，因而对人体锻炼作用更大。经常参加体育锻炼，在循环系统方面，可以提高心肌的收缩能力；在呼吸系统方面，能改善肺活量，使血液的含氧量增加，全身得到充足的氧，这是一般体力劳动所达不到的。

（二）神经中枢位置不同

支配体力劳动与支配体育锻炼的神经中枢位置不同，劳动后进行体育活动，可使支配劳动的中枢抑制加深，使参加劳动的肌肉得到充分放松和休息。一般来讲，大脑皮层支配进行劳动的神经细胞由于长期处于兴奋状态，会最先出现疲劳，如果调换一下活动较少的神经细胞进行工作，使大脑皮质的兴奋抑制下去，那么原来已经疲劳的部位便会得到休息，而且比静止休息效果更好。另外体育锻炼还能提高神经系统机能协调性，使它反应更为迅速、准确和灵活。长期体育锻炼可以改善体质，减轻劳动中的疲劳感。

体力劳动者应根据自己的工作特点，科学、合理地安排锻炼时间，使身体得到全面、均衡发展。如在强度较高的体力劳动后，不宜进行剧烈的体育活动，可进行一些强度较低的体育活动，如慢跑、健身操等，使神经中枢的兴奋转移，参与劳动的肌肉得到充分放松和休息。

（三）带给人们的心情不同

体力劳动大多是比较累的，为了生存、生活，不得不努力去干。而体育锻炼能够让人充满活力。精神健康和躯体健康关系十分密切，乐观、开朗是健康长寿极其重要的原因。体育活动能引起交感神经的兴奋和肾上腺素分泌的增加，从而提高人体各器官的能力，改善肌肉代谢状况，促使疲劳的器官迅速恢复工作能力，所以它是一种积极性的休息，能够给人带来青春的活力，使生活充满生机和欢乐，使人精神饱满，精力充沛。

（四）肌肉力量间的平衡受影响

长时间进行某种劳动，而不注意体育锻炼，会使身体的某一部分肌肉负担过重，而使身体的另一部分肌肉的活动减少造成肌肉力量间的不平衡。而体育锻炼是协调性活动，容易使身体上下、前后、左右得到均匀活动。

（五）长时间局部劳动的结果很可能造成职业病

比如，长期单调的弯腰动作，容易引起腰肌劳损；长时间站立会使下肢血液回流障碍，导致下肢静脉曲张；而长时间坐着工作，则会使腹压增高，引起消化不良等疾病，严重的甚至会引起身体的发展畸形。

人们在体力劳动后进行一些轻松的体育活动，身体疲劳的恢复速度要比静坐或静卧的休息效果更好。体育锻炼有助疲劳消除，改善体质，提高劳动效率，长久减轻劳动活动中的疲劳。所以，对于长期从事体力劳动的人来说，还是应该经常因地制宜地参加一些体育活动。如在劳动过程中做身体关节操，伸伸腿、弯弯腰，或者有意识做与自己劳动姿势相反或改变体位的活动；持续弓身弯腰的，可做些后仰伸展的动作等，缓和一下机体的紧张程度，使机体得到必要的放松和休息。

除此之外，体育锻炼还有助于培养勇敢顽强的坚强意识，丰富人们的文化生活，调节情感等，这些更是体力劳动所不能代替的。

总之，体力劳动不同于体育锻炼，从事体力劳动的人就不用进行体育锻炼的观念是错误的。在体力劳动后，适度的体育锻炼很必要，需要注意的是，应讲究方式方法。

在重体力劳动后可进行一些强度较小的体育活动，如散步、慢跑、走路等活动，使神经中枢的兴奋转移，促进代谢产物的排除加快，参与劳动活动的肌肉得到充分放松和休息，使疲劳的消除速度加快，机体的恢复更充分。

三、适宜体力劳动者的健身操

（一）护膝盖：体力劳动者可闭眼单腿站 1 分钟

1. 双臂外展 90°，单腿支撑站立，坚持 1 分钟。
2. 闭上一只眼睛，外展 90°，单腿支撑站立，坚持 1 分钟。
3. 闭上双眼，外展 90°，单腿支撑站立，坚持 1 分钟。
4. 单腿站立，保持平衡，坚持 1 分钟。

四步由易到难，逐渐练习。

（二）如何预防腰椎间盘突出症

从事重体力劳动的人群，是腰椎间盘突出症的高发群体。所以，该人群对腰部的保养和疾病预防是极其重要的。如何预防腰椎间盘突出症呢?

有的人是贴膏药，膏药对于骨科病症是有一定的缓解和止痛的效果，但并不能从疾病的根源上解决问题，因而起不到康复治疗的作用。也就是说，病是在骨头上，而贴膏药针对的只是软组织，最终治标不治本。也有的是手术，手术即使成功也不能完全恢复。因此长期从事体力劳动的人们要注意腰部保养。

1. 保持正确的劳动姿势。比如只要是涉及弯腰提重物、搬东西的，首先应弯曲膝盖（或蹲下），再站起，不要直接弯腰去取。

2. 睡觉时枕头高度和床垫软硬度要适中。床垫硬度以人睡在上面不会凹陷变形，舒适为宜。

3. 注意腰部保暖，避免潮湿和受凉。适当进行腰部热敷促进血液循环，帮助缓解疼痛症状。

4. 避免腰部突然使用爆发力，从而减少对椎间盘的损伤。特别是对于有腰椎间盘突出（症）的人来说，尤其要注意。

（三）身体主要关节操

1. 腕关节 两脚自然开立，约与肩同宽。两手十指环扣交叉置于胸前。两手以腕关节为轴旋转，动作尽量轻柔，幅度要大，次数不限，以舒适为度。

(1) (2) (3)

图 4-16 活动腕关节

2. 肩关节 抡臂绕环［图 4-17（1）～(8)］：两脚自然开立，与肩同宽；左手掌抚右胸前，右臂向前—向上—向后—向下环绕为1圈，共转8圈，再反方向转8圈，要领同上；保持同样的身姿，按照相同的要领，再抡动左手臂来活动左肩。

图 4－17　抡臂绕环

钩手绕肩［图 4－18（1）～（7）］：双手成钩手，钩尖置于肩前。以肩关节为轴，两肘向上、向前、向下、向后旋转为 1 圈，共转 8 圈，然后再反向，按照前、上、后、下的顺序也转 8 圈；保持身法姿势不变，再用两手臂交替向前转动 8 圈，而后再交替向后转动 8 圈。

(5)　(6)　(7)

图 4－18　钩手绕肩

3. 颈部　两脚自然开立，与肩同宽；颈部放松挺直，头向上、下、左、右四个方向各微振 2 次共 8 拍，再由左、后、右、前旋转一周，反方向亦可（图 4－19）。

(1)　(2)　(3)　(4)

图 4－19　颈　部

4. 扩胸振臂　两脚自然开立，与肩同宽；双手握拳平抬于胸前，拳心向下；两脚不动，两肘外张扩胸 2 拍。

随两臂回弹，双拳变掌，掌心朝上，两臂成侧平举扩胸 2 拍。

左掌上举于头部左侧，臂伸直，掌心朝前，右臂垂直于身体右侧，两臂同时后振 2 拍，再交换两手上下位置后振 2 拍。

图 4-20　扩胸振臂

5. 架臂转腰　两脚自然开立，与肩同宽。双手握拳两臂架起与肩同高，拳面相对；两脚不动，以腰为轴向左右各振动 2 次。由轻到重，反复练习（图 4-21）。

(4) (5)

图 4－21 架臂转腰

6. 抡臂拍打 两脚自然开立，与肩同宽。松肩、松臂、松胯、屈膝，脚不动，随着身体左转，带动两臂甩开拍打身体，右臂拍打左前肩、前胸、肋、腰胯，左手背及前背拍打右背，眼睛跟随身体向左后方看。

身体向右转，动作相同，方向相反。如此自下而上，自上而下随意拍打，次数不限，以轻松舒适为度。

(1) (2) (3)

图 4－22 抡臂拍打

7. 膝关节 开步转膝［图 4－23（1）～（3）］：两脚自然开立，与肩同宽。双手手掌按在膝盖上，以膝关节为轴，同时向里、向外各旋转 8 圈。

(1)　(2)　(3)　(4)　(5)　(6)

图 4－23　膝关节

并步转膝［图 4－23（4）～（6）］：两脚并拢，手势不变，以膝关节为轴，向左、向右各旋转 8 圈。

8. 俯腰下蹲　两腿并立，双脚并拢，双手按膝，腰向下弯曲振动。

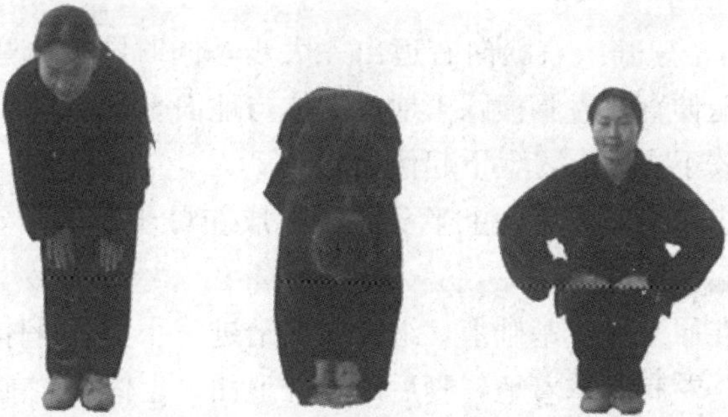

(1)　(2)　(3)

图 4－24　俯腰下蹲

稍后，十指交叉，两掌外翻，掌心向下，俯身下压双掌，使双掌尽力接触地面，反复练习。

待双腿韧带酸痛感逐渐变强时，双手按膝下蹲，腿部小幅上下振荡。等腿部酸痛感得到缓解后，起立。重复该动作，反复练习。

9. 踝关节 站姿。双手叉腰，拇指在后，其余四指在前，重心在右腿，左脚脚尖点地；右脚不动，以左脚脚尖为支点，以左踝关节为轴顺时针或逆时针旋转。

左脚旋转完成后，再以右脚脚尖点地，旋转右踝关节。反复练习。

(1) (2)

图 4-25 踝关节

10. 弓步压腿 右腿向右迈出一大步，同时膝关节弯曲成 90°左右；左腿伸直，左脚横踩于地，上体与地面垂直；左手插于左腰际，右手放于右膝上，上下起伏振动。

右弓步压腿完成后，上半身后传形成左弓步，动作要领不变，完成上下起伏振动。

右腿在原来弓步基础上，继续向前踏进一小步，身体完全转向身体右侧；左脚脚掌着地，脚后跟离开地面，上体略向前倾，两手相叠放于右膝上，加大振动幅度。

完成右弓步压腿之后再转变方向进行左弓步压腿，反复练习。

(1)　(2)　(3)　(4)

图 4－26　弓步压腿

11. 仆步压腿　两腿左右开立［图 4－27（1）～（2）］，右腿屈膝全蹲，脚尖和膝关节外展，臂部接近右脚脚踝；左腿伸直平仆，脚尖内扣，两脚全脚着地，目视左方，上下起伏振动。一侧练习完毕，转换方向，反复练习。

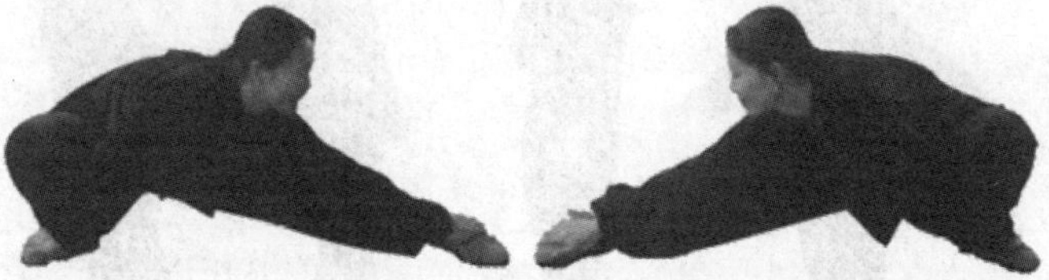

(1)　(2)

图 4－27　仆步压腿

12. 里外摆胯　两手叉腰［图 4－28（1）～（4）］，拇指在后，其余四指在前；

将重心移至左腿，右膝尽量里合上提后外摆至身体右侧，然后下落与左腿并拢。用同样的方法提左腿外摆下落，一左一右，各 8 次。做完之后变换方向，按同样的轨迹逆行，先外摆上提，后里合下落，同样左右各 8 次即可。

(1) (2) (3) (4)

图 4－28 里外摆胯

13. 弹抖放松 左腿屈膝站立，右脚提起，重心落于左腿，松胯，两臂放松收缩，身体略左转。

放松弹踢右脚，同时向身体左前下方甩出两手臂，注意体验全身各个关节放松、舒展的感觉。

换提左脚弹抖放松，动作相同，方向相反。

(1) (2) (3) (4)

图 4－29 弹抖放松

第五章

体育健身的营养与饮食

第一节　人体健康与营养食物

健康的价值观随着体育运动大量介入发生了变化，人们传统的营养观也发生了变化，以食品价格评价营养价值观转变为以合理的膳食结构评价营养的价值观。坚持体育运动与合理营养相结合，才能真正增强人们的体质，提高抵抗疾病和适应各种环境的能力，使身体健壮，精力充沛，从而提高劳动工作效率。

一、人体常吃的食物

食物是指能够满足身体生长的需要，能够靠吃进去为身体提供营养，使身体健康的物质。

食物种类很多，大致可以分为五类：

1. 谷类及薯类：谷类包括米、面、杂粮；薯类包括马铃薯、甘薯等。

2. 动物性食物，包括肉、禽、鱼、奶、蛋等。

3. 豆类及其制品，包括大豆及其他干豆类。

4. 蔬菜水果类，包括鲜豆、根茎、叶菜、茄果等。

5. 纯热能食物，包括动植物油、淀粉、食用糖和酒类。

专家常讲："五谷为养，五果为助，五畜为益，五菜为充，气味合而服之，以补益精气。"食物好比是皮，营养则好比是毛；"皮之不存，毛将焉附?”食物要多样化、均衡化，才能有益健康。

二、主要食材的作用

“健康是金，长寿是福。”健康养生关系到衣食住行的方方面面，我们每个人都在追寻健康，追求养生。但你了解我们天天吃的饭中主要食材的作用吗？下面介绍几种常见的食材：

（一）虾

海虾口味鲜美、营养丰富、可制多种佳肴的海味，有菜中之“甘草”的美称。海虾有对虾、明虾、基围虾、琵琶虾、龙虾等；淡水虾有青虾、河虾、草虾等；还有半咸水虾如白虾等。不管何种虾，都含有丰富的蛋白质，营养价值很高，其肉质和鱼一样松软，易消化，但又无腥味和骨刺，同时含有丰富的矿物质，如钙、磷、铁等。

（二）豆浆

豆浆将大豆用水泡后磨碎、过滤、煮沸而成。豆浆营养非常丰富，且易于消化吸收。豆浆是防治高血脂、高血压、动脉硬化、缺铁性贫血、气喘等疾病的理想食品。豆浆是中国人民喜爱的一种饮品，又是一种老少皆宜的营养食品，在欧美享有“植物奶”的美誉。

图5-1　虾

图5-2　豆　浆

（三）南瓜

南瓜的营养成分较全，营养价值也较高。嫩南瓜中维生素及葡萄糖含量比老南瓜丰富。老南瓜则钙、铁、胡萝卜素含量较高，对防治哮喘病均较有利。中医认为南瓜性温味甘，入脾、胃经。具有补中益气、消炎止痛、解毒杀虫的功能。可用于气虚乏力、肋间神经痛、疟疾、痢疾、驱蛔虫、支气管哮喘、糖尿病等症。

（四）花生

花生为豆科作物，优质食用油主要油料品种之一，花生又名落花生、双子叶植物，叶脉为网状脉，种子由花生果皮包被。曾叫生生果、地豆、落花参、落地松、成寿果、番豆无花果、地果、唐人豆。花生长于滋养补益，有助于延年益寿，所以民间又称“长生果”，并且和黄豆一样被誉为“素中之荤”。

图5-3　南　瓜

图5-4　花　生

（五）胡萝卜

胡萝卜是一种富含多种维生素的家常蔬菜，素有“小人参”之称。中医认为胡萝卜味甘，性平，有健脾和胃、补肝明目、清热解毒、壮阳补肾、透疹、降气止咳等功效，可刺激皮肤的新陈代谢，增进血液循环，从而使皮肤细嫩光滑，肤色红润，对美容健肤有独到的作用。

（六）蘑菇

蘑菇含有丰富的氨基酸、蛋白质，味道鲜美。但是蘑菇采后呼吸作用旺盛，在常温下很快开伞、褐变、变味、品质败坏，只能作短期贮藏。干制的蘑菇容易保存，但营养价值下降，加工处理不及时会造成营养严重损失。因此，采后贮运销售及加工前需采取措施，以防蘑菇品质下降。蘑菇的栽培品种很多，常见的有平菇、香菇、双孢菇、金针菇、凤尾菇等。

图5-5　胡萝卜

图5-6　蘑　菇

（七）鱼

鱼可以加在每周的食谱中，鱼拥有脂肪酸，对于修复脑细胞效果非常好。吃鱼片可以远离阿兹海默症和其他类似疾病。因心血管疾病导致中风、心脏病或高血压的患者，吃鱼可以摄取的脂肪酸，借助大量有益油脂，来对抗血管炎症并降低血压，从而发挥治疗作用。

（八）鸡蛋

鸡蛋含有大量的维生素、矿物质和有高生物价值的蛋白质。其

图5-7　鱼

图5-8　鸡　蛋

蛋白质的氨基酸组成与人体组织蛋白质最为接近。又名鸡卵、鸡子。味甘性平。具有滋阴润燥，养心安神，延年益寿之功。鸡蛋是大众喜爱的食品，鲜鸡蛋营养丰富且全面，营养学家称之为“完全蛋白质模式”，被人们誉为“理想的营养库”。

（九）牛肉

牛肉含有丰富的蛋白质，氨基酸组成比猪肉更接近人体需要，能提高机体抗病能力，尤其适合生长发育及手术后、病后调养的人食用，可补充失血、修复组织等。寒冬吃牛肉，有暖胃作用，为寒冬补益佳品。中医认为，牛肉有补中益气、滋养脾胃、强健筋骨、化痰息风、止渴止涎的功效。适合中气下陷、气短体虚、筋骨酸软、贫血久病及面黄目眩之人食用。

（十）豆腐

豆腐常食可补中益气、清热润燥、生津止渴、清洁肠胃。更适于热性体质、口臭口渴、肠胃不清、热病后调养者食用。豆腐对牙齿、骨骼的生长发育也颇为有益，在造血功能中可增加血液中铁的含量，是儿童、病弱者及老年人补充营养的食疗佳品。

图5-9 牛 肉

图5-10 豆 腐

（十一）玉米

玉米是一年生禾本科草本植物，是重要的粮食作物和饲料来源，也是全世界总产量最高的粮食作物。玉米有长寿食品的美称，含有丰富的蛋白质、脂肪、维生素、微量元素、纤维素及多糖等，具有开发高营养、高生物学功能食品的巨大潜力。

图 5-11　玉　米

三、人体健康与营养食物的关系

人与食物密不可分，息息相关。

（一）人体靠食物生长

每个人都是由食物中的成分构成的。食物经过消化、吸收等过程来提供给人们营养，满足人们对食物养分的有效吸收。在这个过程中肝脏起着很重要的作用，肝脏将各种营养成分重新组合，构建人体需要的蛋白质、脂肪、胆固醇等，再送往全身各处供细胞使用。

在生长过程中，人将应对来自大自然、社会生活中的各种挑战，每一种挑战，都将消耗对应的营养物质，一旦某些营养缺乏，身体就会出现营养失衡，疾病就会产生。因而，食物需要完整而均衡的营养，才能确保身体全面健康。内在的营养缺乏，不仅会影响生理，也会影响心理状态。糖的缺乏，会让人焦躁；蛋白质的缺乏会让人恐惧；脂肪的缺乏会让人懒惰、不爱思考；水的缺乏会让人口渴、乏力、情绪不安，甚至还会感到恶心；维生素 C 的缺乏，会让人耐心受挫；维生素 B 的缺乏会让人易怒；维生素 A 的缺乏会让人产生妒忌心理；维生素 E 的缺乏，会让人自信心不足；钙的缺乏使人不够强壮；镁的缺乏使人心情不好等。每一种营养都可以塑造一种性格，均衡的营养可锻造出一个各方面都优秀的人。

（二）食物营养决定人体健康

构成人体的基本单位是细胞，而构成细胞的物质来源于所摄取食物中的营养素，它们被身体利用，滋养体内的细胞。细胞健康决定了人的健康。目前已知人体所需的 40 余种营养素，可细分为七大类：一是糖类，其功能是维持身体细胞的活动，主要来源于五谷类；二是脂类，其功能是维持细胞结构和功能，主要来源于油脂类（食用油、脂肪、坚果类）；三是蛋白质，其功能是维持身体细胞的活动，主要来源于鱼、肉、豆、蛋、奶等；四是维生素，其功能是调节生理机能，主要来源于蔬菜、水果；五是矿物质，其功能是建造和修补身体组织、调节生理机能，主要来源于蔬菜、水果；六是水，其功能是调节生理功能，主要来源是饮料、汤；七是膳食纤维，其功能是预防人体胃肠道疾病和维护胃肠道健康，来源于各种植物性食物。

各种食物都有不同的营养特点，必需合理搭配才能得到全面营养。我国传统的饮食习惯是比较合理的，具有很大优点；以谷类为主，蔬菜相辅，低糖，高纤维。但随着经济发展，生活条件的改善，越来越多的人已倾向于食用更多动物性食物。当前心血管病、高血脂、糖尿病、肥胖的发生率高与这种膳食结构有很大的关系。

当前，营养过剩和生活方式疾病已成为威胁人类健康的主要杀手。各种慢性病如肥胖、高血压、冠心病等，多数是人们吃出来的。膳食结构不合理以及垃圾食品的入侵是导致文明病发生的最大原因。营养科学告诉我们：“没有一种食物能提供我们身体所需的全部营养物质”；“没有不好的食物，只有不好的膳食”。任何一种食物都可提供某些营养物质，关键在于调配多种具有不同特点的食物，组成合理膳食。但是，细细想一想，均衡的营养，合理的膳食我们有多少人能做到？答案不言而喻。

因此，食物的均衡度，将严重影响人体内的安全感，人体缺乏任何一种必需的营养物质，都会对应出现一些疾病，久而久之，疾病就会不期而至。健康是人生的第一大财富，我们要惜爱生命，那就从每一餐的质量开始。

内容延伸

饮食习惯和营养状况的自我评价表

1. 饮食习惯的自我评价

膳食是营养的主要来源，但并不是只要把食物吃进胃里，其营养就能被机体吸收。进食的方法与习惯对营养的吸收利用及身体健康有很大影响。因此，我们每个人都应该养成良好的饮食习惯。下表为一些不良饮食习惯，应该纠正。

表 5-1　不良饮食习惯

表　现	对身体的影响
经常不吃早饭	引起消化液供不应求，消化不良
暴饮暴食	加重胃的负担，引起消化不良，体重增加
进食速度过快	消化不良，不利于营养素的吸收利用
挑食、偏食，经常食用某一类食物	营养不均衡，缺乏某些营养
运动后立即大量饮水	加重心脏负担，冲淡胃液
经常吃零食	影响正常进食，引起消化功能失调
常食用高脂、高糖类食物	引起高血脂、脂肪肝、心脏病、肥胖等

2. 营养缺乏症的自我监测

营养缺乏可引起多种疾病，对照下表，个人可有的放矢，加强营养。

表 5-2　营养缺乏症

病症表现	可能缺乏的营养
发育矮小，消瘦，食欲不振等	蛋白质、钙、磷、铁、维生素 A、维生素 B、维生素 C 等
头发缺乏光泽、稀疏而少、易脱落	维生素 A、维生素 E、蛋白质等
脱发，眼角膜干燥，角膜软化，畏光，角膜周围充血，暗适应能力下降	维生素 B_2、维生素 A、铁、蛋白质等

（续）

病症表现	可能缺乏的营养
面色苍白，鼻、唇缺乏油脂等	维生素 B_2、蛋白质等
牙龈肿胀、海绵状出血	维生素 B_2
皮肤干燥，毛囊角化，粗糙性皮炎	维生素
凹性指甲、匙状指甲、舟状指甲等	铁
肌肉萎缩、肌无力等	蛋白质
粗脖子症	磷
口角炎、口角糜烂、唇炎等	维生素 B_2

3. 营养过剩症的自我监测

营养并非越多越好，营养过剩同样会引起某些疾病。

表 5-3　营养过剩的表现

种　类	症状表现
蛋白质过剩	食欲不振，大便干燥
脂肪过剩	消化不良，腹泻，食欲不振，肥胖，高血脂，动脉硬化，冠心病等
糖类过剩	龋齿，肌肉松软等
铁过剩	食欲不振，呕吐，腹泻，大便异常
氟过剩	氟斑牙，骨质异常
维生素过剩	头昏、头疼、呕吐
维生素 C 过剩	食欲减退，乏力，精神困倦，消化不良等
维生素过剩	食欲不振，组织钙化，血钙过高等

知识拓展

食品营养小常识

1. “洋快餐”营养单一，不可多吃　“洋快餐”以油炸煎烤为主，在营养配比上仍存在很大的问题。它具有三高：即高热量、高脂肪、高蛋白；三低：即低矿物质、低维生素、低纤维的特点，这与正常的膳食标准相差很大，经常食用会给身体带来危害，不容小觑。

2. 吃火锅时要确保食物已煮熟煮透 未煮熟的食物可能含有病菌等微生物，如果不彻底加热将其杀死，容易引发食源性疾病。另外，要注意生熟食物分开放。

图 5-12 “洋快餐”

图 5-13 火 锅

3. 哪些是转基因食品？对人体有害吗 以转基因生物为原料加工生产出的食品是转基因食品。市场上常见的转基因食品有大豆、玉米、油菜籽、番茄制品。所有转基因食品均需接受安全评估，包括生物特性、成分、营养、毒性和过敏性，才可在市面上出售。

自转基因技术在全球推广以来，并未发现对人体健康产生危害的案例，也没有证据显示转基因食品在其批准出售的国家引起食品安全问题。为满足消费者的知情权和选择权，我国实施与国外相比更为严格地按目录、定性、强制标识制度。

但在我国，对转基因食品一直有不同的声音，争论激烈，这个问题我们不再讨论，等待权威回答。

（三）大米淘洗次数越多越好吗

大米中含有丰富的维生素、矿物质以及大量的酶类。在烹调以前，要先淘洗，淘米的过程中会使米中的水溶性维生素和B族维生素以及矿物质、蛋白质等大量流失。在淘米的过程中，大米搓洗次数越多，浸泡时间越长，淘米水温越高，各种营养损失也越多。所以，应尽量减少淘米的次数，不要用流水冲洗或开水烫洗，更不要用力搓洗。

（四）“千万不能吃剩菜、剩饭”的说法对吗

这种说法是不对的。剩菜剩饭最好是不要吃的，但有时候不可避免要吃，应注意以下几点：

1. 剩荤不剩素，凉菜都别留。剩菜存放时间越久，其硝酸盐的含量越多，吃了对人体健康是很不利的。剩的凉菜吃的时候不会经过加热，所以其中的细菌不易被杀死，食用后容易导致腹泻等不适症状。

2. 剩菜剩饭凉后要蒙上保鲜膜放入冰箱内冷藏。剩菜剩饭存放时间不宜过长，以不隔餐为宜，早餐午吃，午餐晚吃，最好能在5～6个小时内吃掉。

3. 一定要经过高温彻底加热后才能食用，要烧开热透。

总之，食品最好当天吃完，剩菜剩饭放久了或储存不当都会产生有毒物质。因为许多病菌在低温下照样繁殖，例如耶尔森氏菌等。食品以安全为主，尽量不吃剩东西。注意：我们做饭时，尽量根据吃饭的人多少来做，少做些，以七成饱为好。

（五）什么是好/坏的食物

食物没有好坏之分，过量食用或饮用任何食物都会对人体有害，就连喝水过量也会致命。在选择食物时应考虑膳食方式与结构的好坏。每种食物都能提供人体需要的一种或多种营养元素，但其所含营养元素种类和数量不同，所以膳食搭配就显得尤为重要，不仅要注意平衡饮食，还要保持健康的生活方式。

（六）怎样才算良好的膳食习惯

良好的膳食习惯重在食物和营养物质的平衡。选择多种不同的食物且并不过分偏重任何一种食物，这样才能得到人体所需要的所有营养物质。同时，还应该配合运动和健康的生活方式。

（七）为什么家庭自制的水饺、馄饨、包子等不宜在家用冰箱中长期贮存

很多消费者在家里包饺子、馄饨或做包子、馒头时，吃不了就

放在冰箱中冷冻，留待以后使用。从专业角度看，这仅是一种临时保存手段，由于是经“缓冻”，所以不宜在冰箱中长期贮存。

（八）方便面中的营养元素是否均衡

任何食物都有自己的营养特点，也有其局限性。方便面的主要原料是小麦粉、棕榈油和调味料，因缺少矿物质和维生素，营养方面不算非常全面。但在热量方面，每包方便面的热量在500卡以上，完全可以满足人们日常生活一餐所需要的能量。因此，建议在食用方便面的同时多摄入一些蔬菜，以达到营养均衡、有益健康的效果。

（九）方便面如何吃更健康美味

很多消费者都习惯将方便面用热水浸泡几分钟就开始食用。当然，也有习惯将方便面放在锅里煮着吃的。虽然前者几乎成为方便面的标准食用方法，但是在条件允许的情况下，方便面还是应该煮一煮再食用。因为煮过的面条更容易吸收水分，有利于肠胃的消化，不容易让人感觉到腹胀等不良反应。同时，方便面煮着吃更方便自己按照口味添加调味料，还可以加上鸡蛋和蔬菜，使得面条更加营养可口。

（十）大蒜炝锅会引发癌症吗

谣言：网上视频称，大蒜炝锅会产生一种2A类致癌物丙烯酰胺。

辟谣：大蒜炝锅烹饪时间很短，产生的丙烯酰胺量非常少。比起大蒜炝锅，更应该警惕薯条等油炸食品，对于体重50千克的人，一天吃11.5千克的炸薯条，丙烯酰胺的摄入量才会达到临界点，换成大蒜，摄入的量还要更多，这显然是不太可能的。

（十一）为什么吃没有烧熟的四季豆会引起中毒

四季豆（包括扁豆、芸豆等），是一种容易引发食物中毒的蔬菜。

由于四季豆中含有皂素和植物凝血素，这些毒素对消化道黏膜有强烈刺激作用，可引起恶心、呕吐、腹泻、腹痛等症状，必须经过充分加热（100℃，10～15分钟）才能被破坏。如果加热不透，毒素不能被破坏，易引起食物中毒。因此，四季豆炒煮时必须熟透，如炒出的豆有生豆味或者苦涩者，切勿食用。

第二节　科学健康饮食

一、膳食指南（2016 年）

为了指导居民合理选择食物，科学搭配食物，吃得营养，吃得健康，从而增强体质，减少疾病，2016 年 5 月原国家卫生和计划生育委员会发布了《中国居民膳食指南》。这是经过大量调研而得出的结论，很有代表性和权威性，我们要尽量按照指南的要求去做。

（一）食物多样，谷类为主

我们每天的膳食应包括谷薯类、蔬菜水果类、畜禽鱼蛋奶类、大豆坚果类等食物。建议平均每天摄入 12 种以上食物，每周 25 种以上。谷类为主是平衡膳食模式的重要特征。

（二）吃动平衡，健康体重

要坚持天天运动、维持能量平衡、保持健康体重。

（三）多吃蔬果、奶类、大豆

提倡餐餐有蔬菜，天天吃水果，果汁不能代替鲜果。吃各种奶制品、豆制品，适量吃坚果。

（四）适量吃鱼、禽、蛋、瘦肉

动物性食品优选鱼和禽类，鱼和禽类脂肪含量相对较低，鱼类含有较多的不饱和脂肪酸；蛋类各种营养成分齐全，瘦肉脂肪含量较低。

（五）少盐、少油、少糖

过多摄入添加糖可增加龋齿和超重发生的风险，每天摄入糖量要尽量控制。提倡饮用白开水和茶水，不喝或少喝含糖饮料。

（六）杜绝浪费，兴新食尚

要按需选购食物、按需备餐，提倡分餐不浪费。选择新鲜卫生的食物和适宜的烹调方式，保障饮食卫生。学会阅读食品标签，合理选择食品。

二、平衡膳食营养遵循原则

（一）因人制宜选用食物

人体需要的各种营养成分，对于每个人来说，是各不相同的。

1. 青年人和体力劳动者，活动量大，热量和营养成分消耗多，应适当增加含热量高的脂肪性食物，如肉类、豆制品等菜肴。

2. 老年人和脑力劳动者由于活动量较少，则不宜多吃高热量的高脂肪食物，消耗不了会造成发胖，应该多吃一些蛋白质、维生素及磷、锌等矿物质的食物。

3. 备孕妇女要注意调整孕前体重至适宜水平，常吃一些含铁丰富的食物，选用碘盐，孕前 3 个月开始补充叶酸。一定要禁烟酒，保持健康的生活方式。

（二）合理配菜

任何一种原料所含的营养成分都是单一的，要多种原料适当搭配，营养成分才会全面。如猪肉中蛋白质、脂肪、矿物质含量较为丰富；蔬菜中维生素含量较为丰富；豆制品蛋白质含量丰富等。通过合理配菜，能使各种营养成分得到充分的互补，提高菜肴的营养成分。在配菜中，少配单料菜，改变荤素比例，增加花色品种，这样就能提高菜肴的营养价值，达到平衡膳食。

三、科学健康饮食

常言道：“人是铁，饭是钢，一顿不吃饿得慌。”、“民以食为天，食以安为先”、“早饭要好，午饭要饱，晚饭要少。”这些都说明吃饭与我们每个人都息息相关，如何科学健康饮食，是我们每人都要思考的问题。习近平总书记说过：“健康饮食是民生工程和民心工程”。我们要从自身做起，饮食理念要入脑入心，养成饮食的好习惯。

（一）饮食与生活方式密切相关

从吃饭场景来看，过去的年代，好多人吃饭时都是左手端碗，右手拿着夹咸菜的窝窝头边走边吃，或是坐在门口的空地上和大伙聊着家长里短或逸闻趣事；以前吃饭时都是蹲着吃，左邻右舍一块说着、吃着、笑着，吃饭好像不单单是吃饭，还是一种增加邻里间感情的方式，相亲相爱；以前大都是吃自家种的无公害蔬菜，饮食也没有那么多讲究；以前孩子们能吃上一个鸡蛋，就要高兴好几天，朴素的生活让他们感觉饭菜很香，日子很甜。

现在，吃饭方式发生了很大变化。如今，朋友、同学聚会最常听到的一句话就是："真不知道要吃什么……"饭菜变丰盛了，生活条件越来越优越的今天，吃什么却成了让人发愁的事情。而随着社会的发展，节奏的加快，压力的增大，伴随着饮食跟着变化，快餐、外卖、晚上聚餐、常吃方便面、蔬菜吃得少、运动没时间等，这些饮食方式导致出现了很多问题。目前，我们常见的疾病多且趋于年轻化，如糖尿病、高血压、心脑血管疾病、癌症等，有的小孩几岁就得了糖尿病，有的年轻人 20 多岁血压就高，这种情况非常多，这与饮食的搭配及生活方式有着很大关系。

（二）如何科学健康饮食

每种食物都是很有营养的，但是吃的时候一定要科学饮食，否则会适得其反，容易食物中毒，特别是运动后饮食更要慎重。

1. 饮食要多样化 每天膳食五大类应俱全，即谷类、豆类及奶制品，肉、蛋、禽、鱼等动物性食物类，水果、油、糖等热能食品，这五类食物提供人体必需的六大营养元素，即蛋白质、脂肪、糖、无机盐、维生素和水。它们行使着机体组织，提供热能调节生理机能。其中大量矿物质（钙、铁等）及部分维生素有利于机体脂肪代谢分解；有利于肥胖的预防。同时，矿物质还可使大脑保持灵活。

2. 膳食搭配要合理 各类食物每日摄入量要合适，确保营养元素间的平衡。如三大营养供热比：蛋白质、脂肪、糖在一日总热能中所占的比例分别是 10%～15%、25%～30%、55%～60%。

三餐热量比：要注意一日三餐热量的合理分配，早餐占30%、午餐占40%、晚餐占30%。

3. 食物之间要调配得当，烹调合理 合理、平衡膳食十分重要，食物应多样化，食量与体育锻炼要平衡，保持适宜体重等。

另外，还应该做到以下几点：保证一天三餐，早餐要吃热食，才能保护胃；粗细搭配，食品多样化，不要多吃方便面；不能吃过腻、过咸的食物；尽量每天喝200～250毫升牛奶；多吃蔬菜、水果，不吃不卫生的食物。

第三节　体育健身运动与饮食

一、运动时饮食的搭配

运动和饮食两手抓，健身才会有理想的效果。科学正当的营养补充能够完美提升健身效果，并且还能加快消除疲劳，帮助运动后的身体恢复，更快地达到健身的目的。

（一）补充碱性食品

运动后体内的糖、脂肪、蛋白质会大量分解而产生较多的酸，使人感到肌肉酸痛，疲劳倦怠。如果再吃肉类或喝可口可乐等含糖高的酸性食品，反而会增加血液中酸度，从而更为加重人体肌肉的酸痛程度，使疲劳无法及时消除。因此，要补充适当的碱性食品，来缓解肌肉的酸痛。

（二）平衡膳食，合理安排进餐和体育锻炼时间

合理营养是保证健身运动的基础，做到健身运动和合理营养的协调统一，有利于缓解运动性疲劳，及早恢复体力和精力。

体育锻炼时，体内的血液比较集中地分配到运动系统，流向肠胃的血液就相对减少，消化功能减弱，所以体育锻炼后，要经过适当时间休息后才能进餐，进餐后要间隔一定时间才能参加运动，饭后直接运动对健康不利。在体育活动中要控制喝水或少喝水，活动结束后，要采用多次饮水法来补充水分，必要时要喝一些含盐的热

水和矿泉水。总之，科学地安排体育锻炼和摄入人体必需的营养元素，是促进生长发育、维护健康的重要因素。下面介绍如何处理它们之间的关系。

1. 健身运动前的饮食　参加健身锻炼前适度进食，可以为身体提供锻炼时所需要的能量，对身体机能在运动中的发挥有提升作用。通常来说：10 分饱后的 1.5～2 小时，6 分饱后的 60 分钟，3 分饱后的 30 分钟以后都能参与锻炼，需要注意的是摄入的食物以肉食为主的情况下，进食后的运动时间间隔应适当加长。

2. 健身运动中的饮食　当在锻炼过程中有饥饿感觉的时候可以在休息间歇中摄入少量食物。例如面包、糕点这类糖比例高的食物。进食完 15 分钟后继续进行锻炼。还有运动过程中如想喝水，要小口多次慢饮。

3. 健身运动后的饮食　运动后及时补充营养最为重要，有助于身体机能的恢复和消除疲劳。

（1）运动后 30 分钟内补充足够的糖和蛋白质。运动后 30 分钟内人体内的胰岛素达到最活跃的状态，及时补充充足的糖和蛋白质有利于他们的转化存储和被肌肉吸收，防止肌肉被分解，促进增肌。

（2）大量进食应该放在停止健身运动后的 0.5～1 小时内。因为这个时候人体内的血液循环系统已经基本恢复，而消化系统的功能还没达到锻炼前的水平。因此，进食到八分饱就可以了。要是健身锻炼停止后有强烈的饥饿感，可以先进食少量食物，如松软的面包，以免胃酸伤害胃黏膜。

内容延伸

夏季健身运动注意事项

1. 穿着棉质服装　浅颜色的衣服可以减少热量的吸收，穿起来比较凉快；深颜色的衣服会吸收更多的热能，穿起来比较闷热。棉织品透热、吸汗优于化纤制品。所以，夏季运动着装以浅颜色棉织品为好，款式越宽松，散热性能就越好，颜色越浅越不容易吸热。

2. 晨练不宜过早 夏天天亮比较早，很多有晨练习惯的人都是天一亮就出门运动。但晨练不宜太早，以免影响正常睡眠。

3. 避免阳光直射 夏季每天11～16时是紫外线、红外线最强的时候。过强的紫外线可造成皮肤和眼睛的损伤，并可致皮肤癌。而长时间照射红外线，可使颅内温度上升，脑膜出现炎症，发生日射病。因此应尽量避免在阳光最强的时候在室外运动，更不可光着上身运动。

4. 控制运动强度 夏季人体能量消耗很大，运动时更要控制好强度。一旦出现中暑症状，应立即到阴凉通风处坐下，喝些凉盐开水，呼吸新鲜空气，在头额部或腋下等处进行冷敷。有头晕、头痛、恶心、呕吐等症状时，可服用人丹、十滴水等祛暑药物。如经过处理仍不见好转，应立即到医院就诊。

5. 及时适量补水 夏季运动出汗多，盐分丧失量大，容易使细胞渗透压降低，导致钠代谢失调，发生抽筋等现象。所以，夏季运动及时补充水分非常重要。补水方法最好是少量多次，运动中每10～15分钟饮水150～200毫升。但不要喝过甜的饮料，以避免增加胃的负担。运动后也应及时补充水分，但不要一次喝得太多，狂饮会增加心脏的负担。

知识拓展

健康小知识：如何提高自身免疫力？

影响免疫力有三种原因：细胞活力低下；脏腑功能失调、新陈代谢失调、气血不通；发生经络阻滞，气滞血淤。

合理营养是基础。人体免疫力与合理营养相辅相成。其中蛋白不仅是生命的基础，而且也是免疫组织的主要组成部分。要每天补充适量的蛋白质来提高机体免疫力。

充足睡眠是“天然补药”。高质量的足够睡眠，可以减少脑细胞消耗，延缓各种器官的衰退和老化，使人体免疫力增强。每天睡眠时间以7～8小时为宜。

适度运动抗衰老。生命在于运动，运动可使身体免疫细胞增殖，增强机体抵抗病原体的能力，减少受感染的机会。保持脑力和体力协调的适当运动，是增强体质，增强人体免疫功能，抵御“外邪”的一个重要因素。可以选择适宜的运动项目，如散步、慢跑、打太极拳等。

情绪乐观大有裨益。医学研究证明，乐而忘忧的人，其体内抗体明显高于多愁善感之人。乐观情绪，能充分调节机体、神经、内分泌、心血管系统的功能。

提高自身免疫力＝合理营养＋充足睡眠＋适度运动＋情绪乐观

你记住了吗？

二、运动中饮食误区

运动与饮食合理分配，能有效提高健身效果。但日常生活中，有的人运动后饱餐、狂饮或不吃东西等都是不正确的，走进了运动中的饮食误区，健身效果适得其反。运动中的饮食误区大致有下面几种：

（一）一餐吃得太多

这个错误主要与食物份量有关，请尽量减少每餐的摄入量，通过增加用餐次数来增加营养元素的摄入总量。当人们一次吃很多东西时，身体只会利用其中一部分营养成分，其他转化成热量，容易造成热量过剩，而转换为脂肪。因此要有规律地少吃多餐，来促进蛋白质的合成。记住：运动时一餐不要吃得太多。

（二）进餐时机把握不好

在运动时要注意两顿饭：早餐和活动后的加餐，这是一天中最重要的两餐，这两餐的时间把握决定了身体是否会非常健康，因为这两餐合理把握可以摄入更多糖、蛋白质和少量脂肪。

通过一顿丰富的早餐，我们的身体会释放促合成代谢激素来促进肌肉的生长，同时，也会抑制促分解代谢激素的分泌。活动后加餐意义很重大，会尽可能吸收所有的营养来促进肌肉生长，阻止身体贮存脂肪。

与此相反，如果在早餐和活动后吃得不够，将会使恢复效果大打折扣，同时也会降低身体的代谢率。

（三）糖类摄入不够

蛋白质是肌肉生长最重要的营养元素，但糖也发挥着至关重要的作用，尤其是在活动后，如果摄入的糖过低，身体将无法得到充足的热量来保证肌肉的生长。

（四）忽略重要的氨基酸

有三种氨基酸比其他氨基酸更为重要，那就是支链氨基酸（BCAAs），包括亮氨酸、异亮氨酸和缬氨酸。支链氨基酸有助于修复肌肉在活动后的损伤。活动前后服用支链氨基酸，将保护肌肉免受分解、撕裂和刺激，间接地促进肌肉生长。支链氨基酸中的亮氨酸是最重要的，它不仅能促进“肌肉生长的催化剂”——胰岛素的分泌，而且还直接作用于肌肉细胞，促进肌肉生长。

（五）不重视运动后的恢复

有人认为最好的营养手段能代替恰当的休息。我们知道良好的营养也能抑制促分解激素的分泌，但它是有限度的，而且休息会促使分解激素的分泌减退，没有疲劳的活动是无效活动，疲劳没有恢复的活动是有害活动。因此，要注意休息，如果活动过度，非但不能健身，反而还会对其造成伤害，到那时再理想的营养手段也帮不了忙，一定要重视运动后的恢复，注意休息。

（六）活动前不吃东西

活动前可以给身体补充一些糖，这是很有必要的。这些营养元素会直接作为能源物质供能，节约肌肉能量储备，而且还会更有效地促进活动后身体的合成代谢过程。因此，活动前不吃东西会影响活动的效果。

（七）不坚持长期锻炼

除了以上几种误区，还有一种误区很重要，那就是断断续续，兴趣高了，锻炼热情就高，没兴趣了，一天也不想锻炼了。坚持锻炼是健身的秘诀。让我们一起来坚持锻炼吧！相信经过一段时间就能品尝到成功的喜悦。

三、特殊群体健身中的饮食营养

（一）慢性病的产生

日常生活中，各种慢性病是越来越多，而且趋于年轻化，这与不良生活方式有很大关系，如缺乏运动、高盐饮食、晚睡、经常看手机、经常在外边吃饭、生活无规律等，下图是慢性病与不良生活方式的关系，你有这种情况吗？

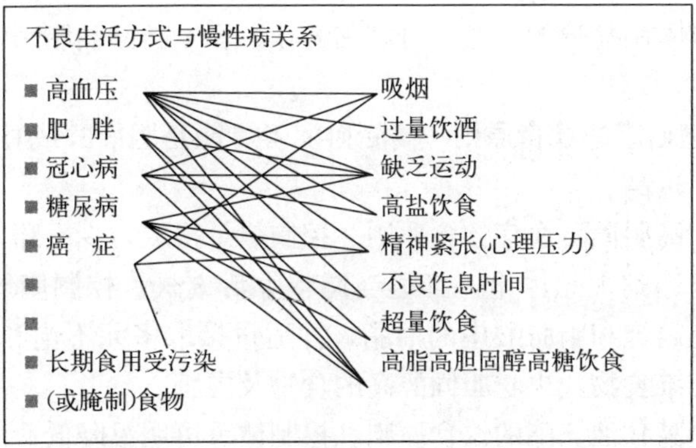

图 5-14 不良生活方式与慢性病的关系

（二）常见病的饮食营养

目前，慢性疾病很多，这与营养不均衡有着密切的关系。均衡营养是保持健康最重要的因素，我们要从饮食入手，有的放矢，摆脱慢性病的困扰。

1. 高血压的饮食原则 降低体重可帮助高血压患者控制血压。限制钠盐、油脂的摄取，多吃高纤维的食物，减少在外面吃饭的机会。应尽量避免食用商业厂家加工食品、含钠调味品及酒类。使用利尿剂药物治疗的患者，要提高钾的摄取量，维持适当的钙与镁的摄取，并降低饱和脂肪及胆固醇的摄取。

2. 骨质疏松的饮食原则 我国居民的钙质来源主要为蔬菜类，其吸收率较奶类差，所以吃绿叶蔬菜时，应搭配动物性蛋白质如肉类和蛋类，以增加钙质吸收率。酗酒或过量摄食盐分会抑制钙的吸收，应予以限制。故应避免食用罐头食品、方便面及腌制食品，高钙、低磷、低盐是饮食的重点，再配合均衡的饮食，注意运动保健，才能改善骨质。

3. 肾脏病的饮食原则 限制钠、钾、磷的摄取，面筋类、干豆类、坚果及种子类都是危险食物群，但黄豆及其制品为优质蛋白质，不在禁食范围内。降低含氮废物的产生，适量摄取蛋白质、补充足够热量，如油脂类、糖类、低氮淀粉类食品。对于高血压及水肿患者应限制盐分的摄取，可利用酸味、香辛料、油脂来增加食物的可口性。

4. 高血脂的饮食原则 高脂血症者可能是胆固醇或甘油三酯，其中一项过高。

（1）高胆固醇血症饮食原则。控制热量摄取，少吃甜食，并限制酒量以达到理想体重，且适当调整生活方式。控制脂肪总摄取量，少吃高饱和脂肪酸中的油脂，并适量摄取多元不饱和脂肪酸。多吃高纤维食物，少吃胆固醇高的食物及内脏。

（2）高甘油三酯的饮食原则。控制体重可明显降低血液中甘油三酯浓度。可多摄取富含脂肪酸的鱼类、纤维，不宜饮酒。

5. 肥胖症的饮食原则 需均衡摄取奶类、鱼肉蛋类、五谷类、蔬菜类、水果类及油脂类等六大类食物，不可偏食。选择低热量食物，多利用蒸、煮、烤、卤、凉拌等无油烹调法调理食物。每餐定时定量，用餐时先喝无油汤再进食，改变进餐顺序，并细嚼慢咽延长进食时间至20分钟以上。多喝白开水有助于排出体内的废物。

6. 糖尿病的饮食原则　糖尿病的饮食必须均衡，要以种类丰富、纤维素含量高的食物为优先，如以粗粮或数种蔬菜组合来减少过多肉类的摄取。饮食应定时定量，烹调时应避免油炸、油炒或油煎，强调低盐、低胆固醇、高纤维的饮食。要配合运动养成随时监测血糖的习惯，运用饮食、运动和药物进行调养，控制血糖。

7. 痛风的饮食原则　尽量吃嘌呤含量低的食物，如各种蛋奶类制品、五谷类、蔬菜、海鲜等，避免高嘌呤含量的食物，如动物内脏、浓肉汁、肉汤、牡蛎、白带鱼、白鲳等鱼类。戒酒可避免酒精代谢产生的乳酸阻碍尿酸排出，多喝水可帮助排除尿酸，避免肾脏中的尿酸结石。除了避免摄取过多的蛋白质外，还应维持理想体重。

四、食疗

（一）食疗含义

食疗主要指用食物治疗疾病，用食物养生延寿，配制合理的食谱，并通过经常服用而达到内养脏器，调和气血，滋养全身。食疗的理论来自于中医理论，是中医养生学中的重要内容。

中华民族自古以来，都在遵循着“食药同源，药补不如食补”的原则。如近代医家张锡纯在《医学衷中参西录》中曾指出：食物“病人服之，不但疗病，并可充饥；不但充饥，更可适口，用之对症，病自渐愈，即不对症，亦无他患”。

随着社会的发展，人们越来越讲究养生之道。很多适合养生的食品也随之被推广，常见的有养生杂粮粉、杂粮粥、药膳等。

（二）食疗作用

食物治病最显著的特点之一，就是“有病治病，无病强身”，对人体基本上无毒副作用。它主要是用于某些病症的治疗或辅助治疗，有助于疾病治疗和身心康复。因此，食物疗法适应范围较广泛，主要针对亚健康人群。

食物疗法寓治于食，不仅能达到保健强身、防治疾病的目的，而且还能给人感官上和精神的享受，使人在享受食物美味时，不知不觉达到防病治病的目的，它对于慢性疾病的调理治疗尤为适宜。

（三）四季食疗

人生活在大自然中，与自然息息相关，人类的生存依赖于大自然提供的各种条件，因此，食疗应遵循自然法则，适应气候变化的规律。

春季主要是养肝健脾，适用食物为兔、鱼、鸡、木耳等；夏季主要是清热养阴，适用食物为鱼、冬瓜、西瓜、荷叶等；秋季主要是滋阴润肺，适用食物为甲鱼、鱼、泥鳅、芹菜、白果、莲藕、梨等；冬季主要是益气滋肾，适用食物为鱼、禽类、黑芝麻、核桃、羊肉等。

主要的养生食物为：

1. 莲藕 具有多种食疗效果。含有大量铁质，具有补血作用；有丰富的维生素C、抗氧化物、多糖和多酚类可达到抗癌效果。莲藕生食可清热、止血、散瘀，适用于经常口干舌燥和火气大的人；对于经常流鼻血的人，有止血效果；对情绪不稳定、焦虑、失眠或神经紧张，生藕汁也有安神作用。

注意：莲藕属淀粉类，糖尿病患者不宜多吃。莲藕纤维含量高，能促进肠蠕动，建议有溃疡、胀气和大肠激躁症的人不要吃多。

2. 核桃 既可以生食、炒食，也可以榨油、配制糕点、糖果等，不仅味美，而且营养价值很高。其健脑养生效果和丰富的营养价值，已经为越来越多人所推崇。

核桃的营养非常丰富，特别是不饱和脂肪酸含量很高。因此，常吃核桃，可为大脑提供充足的亚油酸、亚麻酸等分子较小的不饱和脂肪酸，以排除血管中的杂质，提高脑的功能。另外，核桃中含有大量维生素，对于治疗神经衰弱、失眠症，松弛脑神经的紧张状态，消除大脑疲劳效果很好。核桃有益大脑的真正原因是核桃仁中富含磷脂，磷脂在体内通过转换能够起到活跃大脑神经的作用，从而使人体保持充沛的精力和良好的记忆力。

注意：第一，核桃的热量高，油脂多，阴虚火旺者及腹泻者不宜吃；第二，核桃仁有通便作用，但核桃外壳煮水却可治疗腹泻；第三，吐血者、出鼻血者应少食或禁食；第四，吃得过多，会生痰、恶心，严重者会重度腹泻，如果因食用核桃造成腹泻，必须及时就医。

3. 莲子　可健脾胃、清心安神。可去除体内湿气，是很好的养肝食物。莲子所含非结晶形生物碱 N-9 有降血压作用。

注意：莲子属淀粉类，糖尿病患者要适量摄取。另外，胀气、大便干的人，也不要吃太多。

4. 白萝卜　有多种养生功能，维生素C丰富，是苹果和梨的10倍。生吃可止渴、清热，并促进肠胃蠕动、帮助消化，有“小人参”的美称。

注意：因白萝卜较寒，胃溃疡、先兆性流产和经期不顺的人，勿过量生食白萝卜。

5. 蔬果　多吃蔬果可润肺防秋燥。秋季是胃病多发与复发的季节，要注意胃部保暖，不吃过冷、过烫、过辣的食物，忌暴饮暴食。

精神调养是养生的重要方面，秋季尤其要保持乐观情绪，保持神志安宁，收敛神气。多选择登高远眺，可使人心旷神怡，消解忧郁、惆怅等不良情绪。

另外，花粉、枸杞、红枣可滋润肌肤，达到美容功效；山楂、玉竹、桑葚可预防脂肪堆积及动脉硬化；核桃、首乌、黑豆则可以防治白发；金针菇、黑木耳、香菇能软化血管，防止癌症。

第四节　农民饮食卫生

饮食卫生，关乎你我，每个人都要讲究卫生。如何讲究饮食卫生，避免病从口入呢?

一、养成饮食卫生好习惯

1. 人的双手每天接触各种各样的东西，会沾染病菌、病毒和寄生虫卵。吃东西以前认真用肥皂洗净双手，才能有效预防和减少“病从口入”的可能。

2. 生吃瓜果要洗净。瓜果蔬菜在生长过程中不仅会沾染病菌、病毒、寄生虫卵，还有残留的农药、杀虫剂等，如果不清洗干净，不仅可能染上疾病，还可能造成农药中毒。

图 5－15　健康水果

3. 不随便吃野菜、野果。野菜、野果的种类很多，其中有的含有对人体有害的毒素，缺乏经验的人很难辨别清楚，只有不随便吃野菜、野果，才能避免中毒，确保安全。

4. 不吃腐烂变质的食物。食物腐烂变质，细菌大量繁殖，就会味道变酸、变苦，散发出异味儿，吃了这些食物会造成食物中毒。

5. 不随意购买、食用街头小摊贩出售的劣质食品、饮料。这些劣质食品、饮料往往卫生质量不合格，食用、饮用会危害健康。

6. 不喝生水。水是否干净，仅凭肉眼很难分清，清澈透明的水也可能含有病菌、病毒，喝开水最安全。白开水是最好的饮料。有些带颜色的饮料含有防腐剂、色素等，经常饮用不利于健康。

二、农村家庭饮水卫生

水是一切生命赖以生存的基础。现代社会的人口增长、工农业生产活动和城市化的急剧发展，却对有限的生命之水产生了巨大的冲击。在全球范围内，水质的污染，特别是生活饮用水的污染已威胁到人类的福祉。

（一）生活饮用水卫生标准

生活饮用水卫生标准是从保护人群身体健康和保证人类生活质量出发，对饮用水中与人群健康的各种因素（物理、化学和生物），以法律形式作的量值规定，以及为实现量值所作的有关行为规范的规定，经国家有关部门批准，以一定形式发布的法定卫生标准。2006年年底，卫生部会同各有关部门完成了对1985年版《生活饮用水卫生标准》的修订工作，并正式颁布了新版《生活饮用水卫生标准》（GB 5749—2006），规定自2007年7月1日起全面实施。2012年国家又出台了新版的《生活饮用水卫生标准》。对标准中的指标数量由原来的35项增至106项，加强了对有机污染的监测，对人体健康危害大的指标限值更加严格了。

生活饮用水卫生标准可包括两大部分：法定量的限值，指为保证生活饮用水中各种有害因素不影响人群健康和生活质量的法定量的限值；法定的行为规范，指为保证生活饮用水各项指标达到法定量的限值，对集中式供水单位生产的各个环节的法定行为规范。

水质标准为：

1. 为防止介水传染病的发生和传播，要求生活饮用水不含病原微生物。

2. 水中所含化学物质及放射性物质不得对人体健康产生危害，要求水中的化学物质及放射性物质不引起急性和慢性中毒及潜在的远期危害（致癌、致畸、致突变作用）。

3. 水的感官性状是人们对饮用水的直观感觉，是评价水质的重要依据。生活饮用水必须确保感官良好，为人民所乐于饮用。另外生活用水应经消毒处理。

（二）农村生活饮用水污染问题

国家出台了很严格的生活饮用水标准，但事情没有绝对化，在农村发生生活饮用水污染的情况屡见不鲜。

在农村，生活饮用水污染包括生物性污染和化学性污染。生物性污染即介水传染病（伤寒、痢疾、霍乱、甲型肝炎等）病原污染等。化学性污染即砷、甲基汞、镉等污染。

常见的污染途径有：工业生产排放的废水；生活污水；农业污水灌溉、喷洒农药、施用化肥，被雨水冲刷随地表径流流入水体；固体废物中有害物质，经水溶解而流入主体；工业生产排放的烟尘废水，经直接降落或被雨水淋洗而流入水体；降水和降水后的地表径流携带大气、土壤和城市地表的污染进入水体；海水倒灌或渗透；天然的污染源影响水体未受污染时各要素含量。其中，工业污染源是造成生活用水污染的最主要来源。

（三）水污染对人体健康的危害

水污染对人体健康的影响，主要有以下几个方面：

1. 易引起急性和慢性中毒 水体受化学有毒物质污染后，通过饮水或食物链便可造成中毒，如甲基汞中毒（水俣病）、镉中毒（骨痛病）、砷中毒（皮肤癌）、铬中毒（皮肤溃疡）、铅中毒（贫血、神经错乱）、农药中毒、多氯联苯中毒等。

2. 有致癌作用 某些有致癌作用的化学物质，如砷、铬、镍、铍、苯胺、苯并芘和其他多环芳烃等污染水体后，长期饮用这类水质或食用这类生物就可能诱发癌症。

3. 易发生以水为媒介的传染病 生活污水以及制革、屠宰、医院等废水污染水体，常可引起细菌性肠道传染病和某些寄生虫病，如伤寒、痢疾、肠炎、霍乱、传染性肝炎和血吸虫病等。

4. 引起水的感官性状差 水受污染后，常可引起水的感官性状恶化，发生异臭、异味、异色、呈现泡沫和油膜等，抑制水体天然自净能力，影响水的利用与卫生状况。

5. 引起水体富营养化 湖泊、水库等水域富营养化，造成蓝藻、绿藻类异常繁殖，使水流减缓、水体浑浊，缺乏溶解在水中的氧气，并分解出毒物，导致水生生物死亡，饮用水水源恶化。

（四）预防措施

水污染危害极大，直接威胁到老百姓的性命，那么，如何预防呢？

1. 从自身生活习惯做起，减少生活用水污染。多用肥皂，少用洗涤剂；不向河、湖、沟里倾倒垃圾、污水；不去饮用水源地游玩、游泳、捕鱼、划船等；提醒家人不要在河边、湖边倾倒垃圾；洗碗盘时尽量不用或少放洗涤剂；剩菜里的油腻物应倒入垃圾箱。

2. 地面水要净化和消毒后才可饮用，井水也应消毒后饮用。

3. 经常用流水清洗水龙头，保持水龙头的卫生。不要自行改装自来水管道。

4. 遇到突然停水时不要惊慌，供水部门会在短时间内向群众说明停水原因。停水后应立即关好水龙头，防止来水后造成跑水事故；来水后需打开水龙头适当放水，待管道内的残水及杂质冲放干净后再使用。

5. 饮水机应定期清洗和消毒；不用的时候应关闭电源。

6. 当井水、河水、自来水或饮水机的桶装水颜色浑浊、有悬浮物、有异味或水温出现明显异常时，很可能发生了水污染，应立即停止使用。

7. 有条件的家庭，可以使用净水器，保证生活用水安全。

（五）应对策略

如果身边真的发生了水污染情况，我们如何应对呢？

1. 当河水、饮用水被污染时，应立即停止使用，及时向卫生监管部门或疾病预防控制中心报告情况，并告知居委会、村干部、物业部门和周围邻居停止使用。

2. 如果发现饮用水、河水受到污染，在允许的情况下，用干净的容器留取 3～5 升水作为样本，提供给卫生防疫部门进行检查鉴定，以便进行处理。

3. 不慎饮用了被污染的水，要密切关注自己的身体有无不适。如果出现异常，应立即到医院就诊。

4. 发现水管爆裂或水龙头漏水跑水，应立即向有关部门报告出现问题的准确位置，同时设法关闭供水总阀门。发生水管爆裂事故后，应远离事故现场，不要围观，以免影响抢修工作的正常进行。

三、农村家庭食品卫生

瘦肉精、染色馒头、牛肉膏、防腐剂、地沟油、回炉面包等食品安全问题频频出现，食物中毒事件经常报道，监管到底缺失在哪儿？我们还能吃什么？

（一）中华人民共和国食品安全法

为保证食品安全，保障公众身体健康和生命安全，制定本法。在我国，政府高度重视食品安全，早在1995年就颁布了《中华人民共和国食品卫生法》。在此基础上，2009年2月28日，十一届全国人大常委会第七次会议通过了《中华人民共和国食品安全法》。

2013年《食品安全法》启动修订，2015年4月24日，新修订的《中华人民共和国食品安全法》经第十二届全国人大常委会第十四次会议审议通过。新版食品安全法共十章，154条，于2015年10月1日起正式施行。

食品安全标准应当包括下列内容：

第一，食品、食品添加剂、食品相关产品中的致病性微生物，农药残留、兽药残留、生物毒素、重金属等污染物质以及其他危害人体健康物质的限量规定；

第二，食品添加剂的品种、使用范围、用量；

第三，专供婴幼儿和其他特定人群的主辅食品的营养成分要求；

第四，对与卫生、营养等食品安全要求有关的标签、标志、说明书的要求；

第五，食品生产经营过程的卫生要求；

第六，与食品安全有关的质量要求；

第七，与食品安全有关的食品检验方法与规程；

第八，其他需要制定为食品安全标准的内容。

（二）食物中毒

由于人们吃了被细菌、细菌毒素、毒物等污染或含有毒性物质的食品而引起疾患。食物中毒按病原物质分类可分为：

1. 细菌性食物中毒是指人们摄入含有细菌或细菌毒素的食品而引起的食物中毒。食物被细菌污染主要有以下几个原因：禽畜在宰杀前就是病禽、病畜；刀具、砧板及用具不洁，生熟交叉感染；卫生状况差，蚊蝇孳生；食品从业人员带菌污染食物。夏季是细菌性食物中毒的高发季节。

2. 真菌毒素中毒是指真菌在谷物或其他食品中生长繁殖产生有毒的代谢产物，人和动物食入这种毒素物质发生的中毒。中毒发生主要通过被真菌污染的食品，用一般的烹调方式加热处理不能破坏食品中的真菌毒素。真菌生长繁殖及产生毒素需要一定的温度和湿度。因此，中毒往往有比较明显的季节性和地区性。

图 5-16　动物性食物中毒

3. 动物性食物中毒是指食入动物性中毒食品引起的食物中毒。近年，我国发生的动物性食物中毒主要是河豚中毒，其次是鱼胆中毒。

4. 植物性食物中毒主要有 3 种：将天然含有毒成分的植物或其加工制品当做食品，如桐油、大麻油等引起的食物中毒；在食品的加工过程中，将未能破坏或除去有毒成分的植物当做食品食用，如木薯、苦杏仁等；在一定条件下，不当食用大量有毒成分的植物性食品，食用鲜黄花菜、发芽马铃薯、未腌制好的咸菜或未烧熟的扁豆等造成中毒。

图 5-17　植物性食物中毒

5. 化学性食物中毒主要包括：误食被有毒化学物质污染的食品；因添加非食品级、伪造、禁止使用的食品添加剂或营养强化剂的食品，以及超量使用食品添加剂而导致的食物中毒；因贮藏等原因，造成营养元素发生化学变化的食品，如油脂腐败造成中毒。

（三）预防措施

为防止食物中毒发生，必须从源头上进行预防。

1. 要从正规渠道购买食用盐、主食原料、水产品、肉类食品等大宗原料；不要购买发芽的马铃薯与洋葱、有毒蘑菇与鲜黄花菜、变质的水产品与肉类食品、过期的饮料与熟食等。

2. 严格贯彻所有食品烧熟煮透、生熟分开等卫生要求，以免熟食与待加工的生食交叉污染。

（1）采购的冻品要彻底解冻，坚持做到“安全解冻、立即烹饪”的原则。

（2）烹饪时要适当增加烹饪加工的时间，保证食品温度达到70 ℃以上。

（3）蔬菜在烹饪前必须彻底清洗干净，采用“一洗二浸三烫四炒”的加工方法，其中扁豆一定要炒熟。

（4）制作凉菜的3个关键环节：保证切拼前的食品不被污染、切拼过程中严防污染、凉菜加工完毕须立即食用。

3. 若有少量剩余饭菜需废弃，如想继续使用剩余的饭菜，必须要妥善保存、凉透后放入熟食冰箱冷藏保存，切不可存放在室温下。在食用剩饭菜前，必须彻底加热，不可直接掺入新鲜的食品中。

4. 生熟食品要分开存放；热菜贮存温度要合适，必须把食品的温度保持在60 ℃以上。不用饮料瓶盛装化学品；存放化学品的瓶子应有明显标志，并放在荫蔽处。

5. 不吃有毒的蘑菇、发芽的马铃薯（内含龙葵素）、木薯和杏仁（内含氢甙）、有毒鱼类（如河豚、金枪鱼、鲭鱼）和贝类（如贻贝、蛤和扇贝）。尽量少吃白果（内含白果酸）、鲜黄花菜（内含秋水仙碱）、四季豆和生豆浆（含有皂素以及胰蛋白酶抑制物），食用这些食物经过剔除处理和充分加热是可以消除中毒危险的。

6. 洗刷时一定要注意除去食品残渣、油污和其他污染物，洗刷干净后放入消毒柜内消毒或采用蒸汽消毒和紫外线消毒。及时处理垃圾，消除老鼠、苍蝇、蟑螂和其他有害昆虫，保证卫生的重要性。

7. 要加强个人卫生防疫意识，养成良好的个人卫生习惯，是预防食物中毒的最佳方法。因此要做到“六要六不要”：

“六要”：饭前便后要洗手；公用餐具要消毒；自己食品要看好；购买食品要查证；生吃水果要削皮；自己要有自信心。

“六不要”：含毒食品不要吃；腌制食品不多吃；海鱼内脏不要吃；不识食物不要吃；不明食物不要吃；平时摊点销售的饮食不要吃。

8. 外出就餐时，要选择安全、洁净、舒适的地点进餐，选择正规餐馆进餐，不到无证经营或没有经营许可证的餐馆或小摊子上进餐或购买食品。烹调后的食品应在 2 小时内食用。不喝生水。

（四）应对策略

1. 及时判断中毒类型　抢救食物中毒病人，时间是最宝贵的。从时间上判断，化学性食物中毒和动植物毒素中毒，自进食到发病是以分钟计算的；生物性（细菌、真菌）食物中毒，自进食到发病是以小时计算的。

2. 食物中毒的急救方法　一旦有人出现上吐下泻、腹痛等食物中毒，千万不要惊慌失措，冷静地分析发病的原因，针对引起中毒的食物以及吃下去的时间长短，先采取应急措施，争取救治时间。

（1）催吐。如食物吃下去的时间在 1～2 小时内，可采取催吐的方法。立即取食盐 20 克，加沸水 200 毫升，冷却后一次喝下。如不吐，可多喝几次，迅速促进呕吐。也可用鲜生姜 100 克，捣碎取汁用 200 毫升的温水冲服。如果吃下去的是变质的荤食品，则可服用十滴水来促进迅速呕吐。有的患者还可用筷子、手指或鹅毛等刺激咽喉，引发呕吐。

（2）导泻。如果病人吃下去中毒的食物时间超过 2 小时，且精神尚好，则可服用泻药，促使中毒食物尽快排出体外。一般用大黄30克，一次煎服。老年患者可选用元明粉20克，用沸水冲服即可缓泻。

（3）解毒。如果吃了变质的鱼、虾、蟹等引起食物中毒，可取食醋100毫升，加水200毫升，稀释后一次服下。此外，还可采用紫苏30克、生甘草10克一次煎服，若是误食了变质的饮料或防腐剂，最好的急救方法是用鲜牛奶或其他含蛋白质的饮料灌服。

经上述急救，中毒者症状未见好转或中毒症状较重，应尽快送往医院救治。

四、农村集体聚餐食品卫生

（一）农村集体聚餐

农村集体聚餐，是指农村（含城乡结合部）居民因婚嫁、丧葬、寿辰、升学、生子、建房等事宜，在非经营性场所举办的各种集体性聚餐活动。主要有以下三种形式：①流动餐桌（主家采购原材料、流动厨师提供棚、桌椅、碗筷等；流动厨师全包等）；②家庭自办；③饭店等餐饮服务单位送餐。

（二）农村集体聚餐存在的主要问题及主要风险点

1. 农村集体聚餐存在的主要问题

（1）存在食品安全隐患。农村群众食品安全意识普遍不强，农村聚餐均为家宴，举办方临时邀请当地的厨师或亲朋好友负责宴席的办理，加工制作程序简单，食品加工制作人员没有经过健康体检和正规培训，操作不规范，极大增加了食品安全隐患。

（2）承办宴席能力不足。由于农村宴席桌数较多，为了满足使用需要，必须提前制作食品，存放条件有限，容易导致食物变质，受污染等。同时聚餐时人员结构复杂，极易造成传染病的传播和食品安全事故的发生。

（3）加工场所条件简陋。自办宴席场所大都选择在农户庭院，加工和就餐场所没有防护措施，缺少冷藏、保温、清洗、消毒等设施，加工工具生熟不分，存在交叉污染隐患。

（4）原料进货渠道复杂。由于经济条件及食品安全意识差的原因，农村宴席在原料进货上优先考虑价格，采购食品时不按规定进行索证索票，导致一些假冒伪劣食品流向了农村家庭宴席餐桌。

（5）农村集体聚餐缺乏有效管理。农村集体聚餐属于农民自主、自发的就餐行为，也是一种具有中国特色的民俗文化，各户之间的条件差异很大，聚餐形式也因地、因人而异。国家没有明确的法规要求，没有强制性措施，涉及的监管部门人力有限，管理难度大。还有一部分群众有错误认识，对接受农村集体聚餐管理有抵触情绪。

2. 农村集体聚餐存在的主要风险点

（1）原料采购带来的风险。蔬菜农药残留超标，有毒有害物质，假冒伪劣食品原料，过期食品，不合格食品，禁止使用的食品添加剂。上游产品蕴含的风险，最容易在餐饮环节集中爆发，酿成食品安全事故。

图 5－18　食品安全风险主要体现

（2）操作过程带来的风险。加工能力与就餐人数之间的矛盾非常突出，容易导致操作过程杂乱无章，原料、菜品乱堆乱放，生熟不分导致交叉污染，储存不当导致细菌繁殖，加热不彻底，菜品中混入异物，有害昆虫污染菜品等。

（3）操作人员带来的风险。操作人员带病上岗，不注意卫生要求，操作过程不规范等。特别是大多数农村集体聚餐活动的举办时间、地点均不确定，厨师、帮工、服务人员多是亲朋好友中的“烹饪能手”“热心人”，随机性、随意性极大，风险难以控制。

（4）就餐人员蕴含的风险。农村集体聚餐活动，少则五六十人，多则四五百人，有的甚至连续几天时间。人员方面，上至七八十岁的老人，下到两三岁的小朋友，每个人耐受力差别很大，特别是对老人、儿童来说，稍有不慎就容易导致食物中毒。

（三）预防措施

1. 农村集体聚餐前应报告备案 聚餐活动的举办者、承办者在聚餐前应当填写《农村集体聚餐备案登记表》、签订《农村集体聚餐食品安全承诺书》，向本村（社区）食品安全信息员及时、如实报告局长基本情况，主动接受食品安全信息员、协管员和监督员的食品安全技术指导。

2. 选择农村集体聚餐厨师要严格 一个合格的厨师，需要熟练掌握食品安全知识，并按照规范进行操作，才能把好食品安全关。

（1）要选择经过食品安全知识培训，经过乡镇政府（办事处）备案的厨师，查看厨师的培训和备案证明。

（2）要选择身体健康、适合从事餐饮工作的厨师，查看是不是有体检合格证明，是不是患有痢疾、伤寒、甲型（戊型）病毒性肝炎、活动期肺结核、化脓性或渗出性皮肤病等有碍食品安全的疾病。

（3）不能选择被食品药品监管部门、乡镇（办事处）列入“黑名单”的厨师。

3. 厨师及帮厨人员应保持个人卫生

（1）工作前、处理食品原料后、便后用肥皂（洗手液）及流动清水洗手。

（2）穿戴洁净的工作衣、帽，并把头发置于帽内。

（3）不得留长指甲、涂指甲油、戴戒指加工食品。

（4）不得在食品加工场所内吸烟。

4. 聚餐场所环境要卫生

（1）食品加工场所应远离垃圾堆、禽畜圈养地及其他污染源（如旱厕）25米以上。如果确实受条件限制，无法达到要求，可采取其他措施避免污染源裸露在外，如封盖旱厕、移走或遮挡垃圾堆，彻底清洁操作场地等；也可搭建食品加工处理简易板房或棚，采取必要的防尘、防蝇、防鼠等措施隔绝污染源。

（2）食品加工场所应清洁卫生，饮用水源符合要求。

（3）场所应有必要的防蝇、防鼠、防尘设施，如防蝇防尘食品罩、纱网、帘子等。

（4）场所应防止鸡、鸭、猪、狗等家禽家畜进入。

（5）场所应禁止存放农药、化肥和鼠药，防止误用误食，防止他人投毒。

5. 聚餐设施设备要把关 备餐用具清洗、消毒、保洁设施，做到“一洗二冲三消毒四保洁”，在条件不允许的情况下，尽量做到洁净餐用具分区存放，并采取防护措施。洗涤剂、消毒剂必须符合食品安全标准和要求。建议每餐前对餐用具采用开水煮沸消毒，禁止重复使用一次性餐用具。

6. 采购食品原料要认真 购买食品原料，要认真查验质量证明，索要相关票证。不采购腐烂变质、不干净、过期食品等有高风险的食品原料。购买蔬菜时应注意农药残留问题。

7. 食品加工时要按流程合理制作 要通过采购、清洗、加工、存放等顺序制作，半成品、成品容器不得直接放于地面，也不得叠放。隔餐、隔夜的熟制品再次食用时应加热煮透。

（四）应对策略

1. 要进行食品留样 每餐食用的高风险食品（如凉菜）应按品种分别盛于清洗消毒后的密闭专用容器内，在0～5℃条件下存放48小时，每种食品留样不少于100克，留样尽量使用单独的冰箱。

2. 快速判断是否食物中毒 一般食物中毒具有 4 个特点：①有共同就餐史；②有类似症状；③较短时间发生；④一般人与人之间不传染。可据此判断是否发生了食物中毒。

3. 发生食物中毒要及时处理

（1）发生食物中毒后，聚餐举办者、承办厨师应及时将患者送往就近医院医治。

（2）要及时向事故发生地的村信息员以及餐饮服务食品安全监管部门、卫生行政部门报告。

（3）应保留可能导致食物中毒的剩余食品及食品原料、工具、设备和现场，以备调查食物中毒原因，最大限度地减少事故危害。

4. 发生食物中毒要承担后果 对举办农村集体聚餐造成食物中毒或其他食源性疾患的，或给他人造成损害的，有关责任人应当依法承担民事赔偿责任，情节严重的依法追究刑事责任。

第六章 体育健身的卫生知识

第一节 体育卫生常识

一、体育卫生涵义

体育卫生是指为达到增强体质、增进健康的目的，改善和创造合乎生理要求的体育锻炼条件和环境所应采取的卫生措施和要求。违反体育卫生原则和要求而盲目地进行体育锻炼，不但不能起到良好的锻炼效果，而且会导致各种运动伤病，损害人体健康。

如运动后出现头痛、头昏、胸闷、心慌、食欲不振、睡眠不佳、明显疲乏等现象，则说明运动量大，应及时调整内容、运动量或休息，遇到疾病或过度疲劳时，也应暂停锻炼并积极进行治疗和休息。要定期进行体检，随时修改运动处方。

二、体育锻炼的卫生常识

（一）运动环境卫生

人体在进行体育活动时，体内物质代谢增强，与环境的关系更加密切，受环境影响就会更大。因此，要获得强身健体、防治疾病的锻炼效果，就必须注意运动环境的卫生。

1. 体育活动时应注意空气的卫生状况 由于进行体育活动时，体内代谢加强，肺通气量增加，若空气中含有害成分，运动时吸入体内的有害物质就比平时多，对身体的危害更大。因此，应当选择没有空气污染的地方进行锻炼。

(1) 若在有废气排出的工厂附近，则应在工厂的上风侧进行运动。

(2) 在城市中心，则应避开上午和下午交通最繁忙的时间，因为此时汽车排出的废气最多，交通干道两旁20米内的空气都会受到较重的污染。

(3) 不应在人数较多，通风换气不充分的体育馆或密闭的室内进行体育锻炼，由于空气中的二氧化碳含量过多，可使人头晕、运动能力下降，产生对人体的不良影响。

(4) 不应在雾中进行体育活动，空气中的水分形成雾，雾中多含有尘埃、细菌和有害物质，对身体健康有不良影响。

2. 气温、空气湿度的变化与体育锻炼

(1) 在高温环境下运动产生的热量会蓄积在体内而使体温升高，一旦中枢神经的温度升高，就可能引起一系列的机能失调，甚至死亡。同时由于机体以大量出汗来增加蒸发散热，体内大量水分和无机盐的丢失，可引起脱水和热痉挛等病症。

(2) 气温过低可使肌肉僵硬，黏滞性提高，因而容易造成运动损伤，还会造成机体的局部冻伤或全身体温降低。当大脑温度下降时，可发生意识丧失，甚至死亡。老年人和有心血管疾病的患者应注意减少在低温下活动，避免心血管疾病的发作。进行一般体育活动时的适宜气温为15℃左右，进行马拉松跑等大负荷运动时的适宜气温为10℃左右。

(3) 室外运动时，要避免强光过度照射，防止紫外线和红外线对人的损害。过量照射紫外线可使局部皮肤毛细血管扩张充血，使表皮细胞破坏，释放出组织胺类物质，增进血管通透性，使皮肤发红和水肿，出现红斑；过量紫外线照射还可以引起光照性皮炎、光照性眼炎、头痛、头晕、体温升高、精神异常等症状。

3. 运动场地卫生 体育活动的场地不能过于狭窄，球场或跑道周围应留有一定的余地。运动场地应无碎石杂物，木制地板应平坦坚固，没有木刺和裂缝，场地过硬、过软或过滑，不符合体育活动的要求，就会影响运动能力的发挥，并有可能造成意外的伤害事故。体育场馆的通风状况要好，保持恒温和空气新鲜。室外运动场地周围应无空气污染。室内或夜间的场地采光和照明要充足，光线要柔和、均匀、不眩目，有利于提高运动成绩和避免发生运动损伤。

此外，运动环境中的场地或水质要清洁，土壤或水中不应含有较多致病菌。否则，当人体与其直接接触时，特别是皮肤有破损的情况下，很容易受到病菌感染，发生伤口化脓或黏膜发炎等病症。

4. 运动服装与器材卫生　运动服装应符合运动项目要求，并具有透气性、吸湿性，既有利于身体活动，又能防止运动创伤，越野跑及马拉松比赛时最好穿旧鞋及旧运动服，防止发生足部水泡和皮肤擦伤。在炎热的夏季，运动服装应通气、质轻、宽松和色淡。在冬季，室外运动服装既要保暖，又不妨碍动作的完成。运动后潮湿的运动服装应立即换掉，以免受凉感冒。

运动器械要坚固，安装得当，并注意检查维修，防止生锈以及连接处脱落。器械旋转应保持一定距离，避免练习时发生冲撞而受伤。

（二）体育锻炼后的洗浴与健康

1. 正常洗浴　体育锻炼后洗澡不仅可以除去身体的污渍和污垢，保持皮肤的清洁卫生，洗澡还能使神经系统的兴奋性降低，体表血管扩张，血液循环加快，从而改善肌肤和组织的营养状况，降低肌肉紧张，加强新陈代谢，消除疲劳，提高睡眠质量。

洗浴的水温不宜过高，时间不宜过长，最长不要超过 20 分钟。热水浴的时间过长，一方面导致皮肤毛细血管扩张后，大量血液进入毛细血管，使回心血量减少，结果是血流循环速度反而减慢；另一方面，大量毛细血管的扩张引起心输出量减少，会导致大脑供血不足发生晕厥；心肌供血不足会发生心肌缺血、心律失常，出现心慌、胸闷、胸痛等症状。这时一定要尽快平卧，并马上找医生来检查处理。

2. 桑拿浴和蒸气浴 桑拿浴和蒸气浴有镇静、使皮肤毛细血管扩张、加快血液循环的作用，从而加速人体内由于运动而产生的代谢产物的排泄过程，可以帮助消除疲劳。

特别强调的是不要运动结束后立即进行桑拿浴或蒸气浴，因为这时人体需要散发掉由于运动体内产生的大量热量，高湿环境将影响这一过程，甚至导致热衰竭。因此，运动后一定至少要休息30分钟再进行桑拿浴或蒸汽浴。

3. 冷水浴 运动后体内温度较高不要用冷水洗浴。运动后，大脑皮质仍处于兴奋状态，为了向外散热，体表的毛细血管扩张，大部分血液仍在皮肤和肌肉内，如果用冷水洗澡，皮肤肌肉的毛细血管遇冷收缩，使血液流向心脏，增加心脏的负担，可能出现心慌、气短和头昏现象。

（三）患感冒时能否参加体育锻炼

人体患感冒时，机体的机能水平会有所下降，对感冒要积极进行治疗，并调整负荷量及强度。

在锻炼安排上，如果仅有感冒症状，但是不伴有明显不舒服时，可在症状消失几天后参加正常锻炼；如伴有明显的无力、肌肉疼痛和淋巴结肿大时，应在病愈后再进行正常锻炼。

（四）体育锻炼时的饮水卫生

在剧烈运动中或运动后，不应一次饮水过多，大量水分一下子进入体内，会对身体造成不良影响。

首先，大量水分进入血液，使血液稀释血量增加，因而加大了心脏的负担。血液中过多的水分要由肾脏排出，不仅迅速加大了肾脏负担，同时水分的排出，还导致盐分的损失。

其次，大量饮水后由于不能马上吸收，水在胃中存留稀释胃液，影响消化和食欲；如继续运动水在胃中晃动使人不舒服，并可引起呕吐。

因此，最好在平时饮食中注意有足够的水分，在锻炼时尽量不喝或少喝。有时虽然感到口渴，但并不是体内真正缺水，而是由于运动时口腔和咽喉黏膜的水分蒸发和尘埃刺激，以及唾液分泌减少造成的口渴感。这样的口渴不应多喝水，可以漱口以解除渴感。

如果在天热和出汗多的情况下，应补充水分，但要少量多次。每次150～200毫升为宜，每次应间隔15分钟，以免胃肠中存留过多水分。此外，锻炼中或锻炼后不宜喝凉水，更不要立即吃冷冻饮料，因为冷刺激会对胃产生强烈刺激，造成胃痉挛和消化不良。

（五）女性月经期的体育卫生

身体健康、月经正常的人，月经期参加适当的体育活动，如做徒手操、活动性游戏、打乒乓球等，可以提高和调整神经系统的活动，改善人体的功能和情绪。参加体育活动可交替收缩和放松腹肌及盆底肌以起到按摩子宫的作用，有利于经血的排出。一些月经病的患者就可以采用体育疗法。所以只要不是严重的痛经、经血量过多或有严重的妇科疾病，就不必过于限制其参加体育活动。

经期参加体育锻炼，应当注意以下几点：

1. 适当减轻运动负荷，运动的时间不宜过长，对月经初潮的少女，由于她们的月经周期不稳定，负荷更不宜大，要循序渐进，要逐步养成经期锻炼的习惯。

2. 运动时，要避免做剧烈的、大强度的或振动大的跑跳动作（如长跑、疾跑、跳高或跳远），也不要做腹压过大的动作和力量性练习，以免引起经期流血过多或子宫位置改变。

3. 月经期不宜游泳，在月经期具有自洁作用的宫颈管中的黏液栓被排出，子宫内膜血管破裂开口，内膜脱落，形成一个剥离的创面，子宫口稍稍张开，阴道内酸度降低，在此种情况下，水会增加感染的机会，病菌可能侵入内生殖器官，引起炎症。此外，月经期下肢和腹部受凉也不利于经血的排出。

4. 月经期间应避免寒冷的刺激，特别是下腹部不要受凉。如果进行冷水锻炼也应暂时停止。

5. 如果出现月经紊乱（月经过多、过少或经期不准）或痛经

（经期下腹部疼痛），月经期间应停止体育活动。

至于月经期间能否参加体育比赛的问题，说法不一。一般认为，对于以健身为目的的人来说，没有必要在月经期间参加比赛；对于训练水平差的运动员，特别是月经初潮的少女，月经期间不宜参加比赛。因为比赛时运动强度很大，精神紧张，神经系统往往不能适应，容易引起内分泌腺的机能失调，导致月经紊乱、痛经或闭经（月经停止达 2 个月以上）。平时有经期参加训练习惯的女运动员，月经中也可参加比赛。

第二节　体育锻炼的一般生理卫生知识

“生命在于运动”，而运动必须有一定的规律性，只有掌握体育锻炼的一般生理卫生知识，科学地进行体育锻炼，才能起到健身强体、防病治病的作用。

一、如何进行体育锻炼

体育锻炼可以增强体质、提高人体的健康水平，已被大量科学实验所证实。随着现代生活水平的提高，余暇时间的增多，人们越来越意识到参加体育锻炼的必要性和可能性。但是，人们在从事体育锻炼前经常遇到一个共同问题：怎样进行体育锻炼？对于一般人来说，在开始参加体育锻炼前，除了进行一般的身体检查和必要的咨询外，首先要做好以下准备：

（一）培养锻炼兴趣

在从事体育锻炼前，应首先培养锻炼者对体育活动的兴趣，这是长期进行体育锻炼的前提。培养体育锻炼兴趣的方式有很多，如观看体育比赛、与亲朋好友进行体育活动等。有了浓厚的体育锻炼兴趣，就能自觉地投入到体育锻炼之中，从而取得理想的体育锻炼效果。

（二）选择活动项目

在进行体育活动时，除根据自己的兴趣选择活动项目外，还要考虑体育锻炼者自身的条件。对于一些为预防或治疗某些疾病而进行的康复性体育活动，则应根据锻炼者的身体状况选择锻炼项目，并且应在医生的指导下进行。同时，锻炼者还应根据不同季节、气候条件确定体育锻炼项目，如冬季可进行长跑、健步走等运动，夏季可进行球类、太极拳等活动。总之，运动项目可多样化，选择的运动项目要对整体机能产生良好影响。

（三）确定运动强度

体育锻炼中控制运动强度最简单的办法是测定体育锻炼时的脉搏。虽然不同年龄和机能状况的人在体育锻炼时的最佳脉搏有所不同，但对一般体育锻炼者来说，体育锻炼时的脉搏控制在每分钟140次左右较为合适。由于体育锻炼时运动强度相对较小，因而运动的持续时间则应相对较长，每天至少应在半小时以上。对于刚参加体育锻炼的人来说，一开始锻炼的时间宜短不宜长，以后随身体机能的适应，锻炼时间可逐渐加长。

二、体育锻炼中的注意事项

体育锻炼要注意哪些问题

（一）运动前准备活动要充分

准备活动因地、因时、因人而异，不可千篇一律。时间一般需要30分钟左右，冬季可稍长些，要根据自身而定。强度以身体发暖，微微出汗为准，不宜过大，以防过早机能消耗。自我感觉身体轻松、协调有力、兴奋性适宜、情绪饱满为好。

（二）运动结束时要做好整理活动

在剧烈的运动结束后，机体必须经过整理活动逐步松弛下来。如果突然终点运动，静脉血会集中停留在下肢肌肉中，使返回心脏的血量减少，从而导致脑部贫血和严重缺氧，血压下降，呼吸短促，造成恶心、呕吐、面色苍白、心慌等症状，严重者甚至会出现重力休克和有死亡的危险。因此运动结束后要进行整理活动，使机体逐渐松弛下来，不能立即终止运动，如下蹲或躺在地上等。整理活动一般需要5分钟左右。在几分钟内做一些慢跑和放松动作，松弛肌肉，配合放松动作做些深呼吸。

（三）睡前不宜做剧烈身体运动

睡前进行剧烈的身体运动，首先会使中枢神经高度紧张，运动结束后神经兴奋会持续很长一段时间才能逐渐恢复，容易引起失眠、心情烦躁。再则，剧烈运动后，肌肉的紧张难以松弛，没有更多时间进行整理放松，从而影响睡眠。如果为了调节学习和工作的紧张情绪，在睡前进行负荷较小的身体活动如散步、慢跑、做操等，有利于改善睡眠，促进健康。

（四）起床后不能立即进行剧烈的身体运动

睡醒后，中枢神经系统还没有真正从抑制过程转入兴奋状态。内脏器官的机能没有充分调动，全身肌肉还处于松弛状态，精神不振，整个机体几乎没有适应剧烈运动的能力。因此，不能立即进行剧烈运动，正确方法是：醒来后在床上坐一会儿，然后在室内走一走，洗脸清醒大脑后，再到室外去，从准备活动开始进行运动。

（五）人体运动过程中要有良好的心理状态

运动前心情不好，注意力不集中，大脑过度兴奋，都容易影响运动效果，甚至造成伤害事故。运动中如果心情不舒畅，情绪不稳定，很容易造成伤害。运动后如果当时心情不好，大脑皮层得不到放松和调整，将影响食欲，影响肌肉的放松，不利于疲劳的消除，这样不仅达不到锻炼的效果，反而会影响健康。运动后应该积极主动地休息和调节自己的情绪，如听听轻音乐，与朋友交谈等，保持心情愉快。

三、体育锻炼与季节关系

体育锻炼受季节影响非常大，在不同季节，我们活动的内容、项目、负荷、时间等都是有区别的，我们要慎重。

（一）春季锻炼

春季微风和畅，天气宜人，是锻炼的好季节，能够使人体运动进入最佳状态。但春季也是个细菌繁殖的旺盛季节，因此，在春季参加运动时要重视个人卫生，防止疾病危害健康。

1. 要注意克服“春困” 在春天，人们常常感到精神不振、四肢无力、很困倦，总觉得觉没有睡好，即成为“春困”。在这种情况下，参加体育活动不能一下子进入活动高潮，一定要做充分的准备活动，循序渐进，不能因为气温合适而使运动时间不规律和运动时间过长。

2. 身体运动时要防止疾病的传播 春季气温暖和，是细菌繁殖的高峰季节，疾病的传播也很活跃。所以，在运动过程中要更加重视个人卫生，及时洗澡，勤洗衣服；运动中或运动后不能立即吹风或冲凉水，防止感冒等疾病危害健康；不要暴饮暴食。

（二）夏季锻炼

1. 夏季运动时要防止中暑 在酷热的夏天，特别是我国的南方和长江中下游气温高，进行体育锻炼要特别注意防暑。但在夏天也不能不进行体育活动，因为越是恶劣的条件，越能锻炼人的机体适应能力，从而提高人的心理素质。

在夏季锻炼必须注意以下几点：

（1）夏天在中午（11～16时），不要安排体育活动，但可以参加游泳运动。

（2）夏天不要在太阳下参加锻炼，要寻找阴凉处和通风的场所进行体育锻炼。

（3）有些运动项目，如长跑、划船等，要在太阳下运动，必须注意防晒，如戴太阳帽和穿浅色、宽大、透气的运动服等。

（4）注意运动负荷不宜过大，增加间歇时间和次数，并且多在阴凉通风处休息。

（5）夏季人体运动时出汗多，要注意加强水分和盐分的补充，以保证正常的机体代谢平衡，避免中暑。

（6）夏天运动后要洗温水澡，一方面可以放松机体，另一方面可以防止中暑。

（7）夏天要保证夜晚睡眠休息，在中午要睡午觉，人体睡眠不好，疲劳得不到消除，在身体运动过程中更易造成中暑。

2. 夏天人体运动要防止日光晒伤 强光照射机体时间过长，会损害身体，即日射病。因为日光中有一种红外线，夏季更为强烈。日光长时间照射机体，光线透过毛发、皮肤、头骨等射到脑细胞，会引起大脑发生病变，同时造成机体各器官发生机体性和结构性病态。日光对皮肤的长时间暴晒，会出现皮肤发红、瘙痒、刺痛、起皮、水泡、水肿、烧灼感等症状。当然，经常参加体育锻炼的人，机体抵抗日光照射的能力便强一些，但必须注意以下几个方面：

（1）刚开始在日光下进行身体运动的时间不能太长，要逐步延长时间，使机体逐步适应。皮肤由白转黑是机体产生的一种保护性适应，属于正常现象。

（2）夏天在日光下运动，可以涂些氧化锌软膏或防晒霜等，以便保护皮肤免受晒伤。

（3）运动时间安排在早晚为好。

（4）如果皮肤被晒伤，可以用复方醋酸铝液做湿敷或涂以冷膏，若水泡破溃，可涂硼酸软膏（5%）、氧化锌软膏等。

（三）秋季锻炼

秋季气温变化较大，气候也很干燥。进行体育锻炼，忽视了秋天的季节特点，有时也会影响健康，特别是容易患伤风感冒、关节炎、嘴唇干裂、呼吸道发炎肿胀、咳嗽、头痛等疾病。所以在体育活动中必须注意以下几个方面：

1. 运动开始时要多穿些衣服，待到身体发热开始出汗时，便可逐步脱去一些衣服，特别是早晨气温较低时，更不能先穿单衣运动。

2. 运动后及时将汗擦干，不要让身体裸露吹风，这样容易伤风或得关节炎，所以运动后要注意保暖。

3. 运动时不要或少用口吸气，多用鼻子呼吸，以免冷气刺激咽喉，防止飞尘进入口腔和呼吸道。

4. 运动前后注意补充水分，多吃水果和蔬菜，以防止皮肤和嘴唇干裂。

(四) 冬季锻炼

“冬练三九”。冬季是从事体育运动者十分珍惜的时机。在寒冷的冬季参加体育锻炼，一方面可以更好地提高人体机能和运动水平；另一方面可以更好地提高人体抵抗疾病和御寒的能力，达到增进健康的目的。但冬季的身体锻炼必须要注意机体的卫生与保健，否则，将会适得其反。

1. 冬季人体运动要做好充分的准备活动，以免造成机体各部位的伤病。

2. 冬季户外运动要注意保护眼睛。冬季气温较低且冷风对眼睛的刺激较大，可能会出现流泪、红肿、角膜受损等症状，所以有条件者运动时可戴防护镜等进行锻炼。不要用手乱揉眼睛。

3. 冬季运动要注意保护皮肤。皮肤承受寒冷刺激是有限度的，所以运动时可以戴手套和帽子，不要在风大的地方运动，避免皮肤潮湿，出汗时注意及时擦干，服装要柔软保暖，可在皮肤上涂些防冻防裂膏，运动后勤洗澡、勤更衣等。

4. 体弱多病者要不断适应冬季锻炼，这样有利于提高机体的抵抗和免疫能力，增进健康。

5. 参加冬泳活动，机体要有一段时间的寒冷适应过程，不科学的盲从行为会损害身体健康。

6. 运动后必须加强保暖和补充能量。

知识拓展

运动小常识，我们了解一下：

1. 适宜的运动服装

(1) 运动服装均以轻便的恤及短裤或运动套装为主，质料要吸汗及有弹性，不妨碍运动。

（2）冬天的运动服装要可增可减，以切合运动的需要。可穿着多层较薄的衣物，方便增减。

（3）炎热的天气宜穿着浅色及轻便的运动衫。

（4）一切服装皆清洁及舒适便可。

2. 合适的运动鞋

（1）运动鞋的类别很多，在结构上可分两大类，一是网球鞋类，设计为能适应左右突然转向移动；另一类是跑鞋类，设计为能适应前后摇动，吸震能力较佳而重量较轻。最常见的健康舞及多用途运动鞋则集合以上两类鞋的特点于一身，使其在多种不同的运动中，都能发挥其功效。

（2）一双合适的运动鞋应包括以下特点：

① 鞋跟承托杯较坚硬，以稳定足踝。

② 鞋跟底下及鞋掌部分有软垫吸震。

③ 鞋面透气性能良好，既卫生又易清洁。

④ 鞋头有少许空位做缓冲及有助透气。

⑤ 前脚掌部位可以屈曲，不太易，也不太难。

⑥ 足弓的部位有良好的承托，使脚掌不易在耐力性运动中疲劳。

⑦ 鞋底底层物料要坚韧耐磨。

（3）选购运动鞋的最适合时间为黄昏或刚运动完毕，这时双脚较为膨胀，近似运动状态，还要穿上运动袜来试鞋，这样才会较合适。此外，也要留意自己的旧运动鞋磨得薄的位置在哪里，购买新鞋时，便要选择在这些较易磨损的位置上有较坚硬的物料来承托。除以上两点外，也可以把新鞋前后试屈，看看屈曲位置是否在前脚掌，如果不是，通常都是在鞋的脚弓位置，这显示脚弓的承托力较弱了。

第三节　运动医务监督基础知识

一、医务监督的意义

医务监督是指用医学的知识和方法，对体育参加者的健康和机能进行监护，预防锻炼中各种有害因素可能对身体造成的危害，督导和协助科学的锻炼和训练，使之符合人体生理和机能发展规律。

通过医务监督，能更有效地运用体育的手段，促进体育活动参加者的身体发育，增进健康和提高运动技术水平；能培养科学的体育锻炼方法和良好的卫生习惯，遵守体育锻炼的卫生原则，避免与减少运动伤病的发生，使人们从中受益，从而达到促进身心健康和延年益寿的目的。

二、运动医务监督内容

（一）涉及的主要问题

1. 你的身高、体重标准吗？请参考下表算一算。

体重是衡量和反应一个人健康状态的重要标准之一，过瘦或过胖对于健康都是不利的，体重的变化，也会映射出一个人的身体热量平衡状态。身高和体重的不协调也不会给人以美感。

标准体重计算公式（女子分别减去 2.5 千克）：

165 厘米以下者：标准体重＝身高（厘米）－100

166～175 厘米者：标准体重＝身高（厘米）－105

175 厘米以上者：标准体重＝身高（厘米）－110

体重超过 20％为肥胖。

2. 你进行健身活动时是否感到胸闷、气短？

3. 你的骨骼和关节是否有病？活动受影响吗？

4. 你的血压正常吗？是否活动时有晕眩感觉？

（二）医务监督的内容

主要包括一般史、运动史、体表检查、一般临床物理检查、形态测量、功能实验、化验检查、身体素质测试及特殊检查等。

1. 一般史 询问既往病史和预防接种史，特别是询问影响内脏功能和运动能力的重大疾病（如高血压、心脏病、肝炎、肾炎、癫痫等），以及询问工作性质、劳动条件、生活制度、营养状况、有无饮酒和吸烟等不良嗜好。

2. 运动史 询问参加体育活动情况、运动项目、年限、成绩、有无过度训练史或其他运动伤病等。

3. 体表检查

（1）皮肤和黏膜的检查，是否苍白，有无黄染，出血点和蜘蛛痣，以及皮肤病和静脉曲张。

（2）皮下脂肪层的测定，用于评定人体的胖瘦和推算全身脂肪量。

（3）检查扁桃腺，甲状腺和淋巴结的情况。

（4）检查脊柱、胸部、上下肢和足弓形状。

4. 一般临床物理检查

（1）心血管系统。①脉搏频率（注意紧张度，充盈度和节律）；②有无胸部畸形和心脏异常搏动；③叩诊心脏大小，听诊心跳速率，节律心音强度及有无杂音；④测量血压。

（2）呼吸系统。①胸部形状，呼吸频率，节律和呼吸类型；②叩诊检查有无浊音，肺底位置；③听诊有无呼吸音异常。

（3）消化系统。无舌苔，巩膜黄染，腹部压痛，肿块和肝脾肿大，并注意酸壁肌力。

（4）神经系统与感觉器官。检查神经衰弱、视力、眼、鼻等是否有疾患。

5. 形态测量 测量内容：体重、身高、坐高、胸围和呼吸差，颈围、腰围、四肢围度、四肢各环节长度、肩臂长、手足间距（站立摸高），肢体宽度，其中体重、身高、胸围三项是评定发育程度的基本指标。

6. 功能检查 运动系统（肌力、关节活动度、柔韧性）；心血管系统；肺活量、最大摄氧量测定；及神经系统、消化系统和泌尿系统的功能检查等。

7. **化验检查**　包括血液、尿液的常见及生化检查等。

8. **身体素质测试**　主要包括一般的速度、力量、耐力等。

9. **特殊检查**　X线，心电图，超声心动图，脑电图，CT，核磁共振等。

另外，体格检查的形式主要有初查、复查、补充检查。目的就是更能准确地把握身体状况，有的放矢，促进健康。

三、自我医务监督内容

体育锻炼自我医务监督的内容主要包括主观感觉和客观检查两个方面。主观感觉包括身体感觉、运动情绪、睡眠、食欲、排汗量、排尿等内容。人的主观感觉是人体功能状况的直接反映。健康并能科学地进行体育锻炼的人，总是精力充沛、心情愉快、睡眠正常、食欲良好。反之，则应调整体育锻炼的内容、运动量和运动方法。客观检查包括生理指标、身体素质和其他伤病情况。生理指标主要包括脉搏、体重、肺活量等。身体素质一般是指人体在活动中所表现出来的力量、速度、耐力、灵敏、柔韧等机能。身体素质是一个人体质强弱的外在表现。另外，女子还要有月经状况监督。

表6-1　疲劳症状自测表

身体方面	心理方面	神经感觉
1. 感觉头很重（　）	头昏（　） 头很乱（　）	眼睛很累（　）眼花（　） 眼睛缭乱（　）
2. 头痛（　）	思考的事情不能结论（　） 讨厌思考（　）	眼睛干燥（　）
3. 全身倦怠（　）	想独处（　） 讨厌讲话（　）	动作不灵活（　） 动作容易做错（　）
4. 身体某部分倦怠（　） 身体某部分疼痛（　） 身体某部分肌肉痉挛（　）	焦心（　）	脚力不足（　） 站不稳（　）

（续）

身体方面	心理方面	神经感觉
5. 肩膀酸痛（ ）	欲睡（ ）	味道变化（ ） 有臭味（ ）
6. 呼吸急促（ ） 胸闷（ ）	泄气（ ）	晕眩（ ）
7. 脚部疲劳（ ）	对事不能热心（ ）	睫毛及其他肌肉颤抖（ ）
8. 没有唾液（ ） 口黏（ ） 口干（ ）	一点事情也想不出来（ ） 健忘（ ）	重听（ ） 耳鸣（ ）
9. 打哈欠（ ）	做事没信心（ ） 做事易错（ ）	手脚发抖（ ）
10. 出冷汗（ ）	做事易担心（ ） 对事易焦虑（ ）	心情不稳定（ ）

注：凡有征象的指标，可在相应表现上打“√”。

表 6－2　自我监督表

姓名	填写日期　　年　　月　　日	
主观感觉	一般感觉	良好　一般　不好
	运动心情	渴望训练　想训练　不想训练
	不良感觉	肌肉酸痛　头晕　心悸　其他
	睡眠	良好　一般　不好
	食欲	良好　一般　不佳　厌食
	排汗量	较多　一般　不多　盗汗
客观检查	脉搏	次/分钟　跳动整齐　不规律
	体重	千克
其他	伤病情况	

注：凡有征象的指标，可在相应表现上打“√”。

健身运动，要根据自身状况合理安排，通过自我评价可以减少运动伤害，从而形成积极乐观的心态，达到“我健身，我快乐”的目的。

四、自我医务监督的方法

体育锻炼自我医务监督的具体方法是将体育锻炼后出现的各种生理反应测定的有关数据，在医务监督表所属栏中记录下来，然后对各项记录进行综合分析和判断，检查锻炼的内容、方法、运动负荷是否科学合理。如果发现异常，应及时查找和分析原因，及时调整练习内容和运动负荷，必要时暂停锻炼，或找医生做进一步检查。每个人在体育运动过程中和锻炼后出现的各种生理反应和自我感觉都是不同的，因此，应根据自己表现出的不同状况，在综合分析的基础上，做出正确的判断，以便更科学地进行体育锻炼。

第四节　农村的公共卫生

一、公共卫生常识

公共卫生是关系到一个区域人民群众健康的公共事业。公共卫生的具体内容包括对重大疾病尤其是传染病（如结核、艾滋病、SARS 等）的预防、监控和医治；对食品、药品、公共环境卫生的监督管制，以及相关的卫生宣传、健康教育、免疫接种等。例如对 SARS 的控制预防治疗属于典型的公共卫生职能范畴。

二、国家基本公共卫生服务

国家基本公共卫生服务项目，是促进基本公共卫生服务逐步均等化的重要内容，是深化医药卫生体制改革的重要工作，是我国政府针对当前城乡居民存在的主要健康问题，以儿童、孕产妇、老年人、慢性疾病患者为重点人群，面向全体居民免费提供的最基本的公共卫生服务。开展服务项目所需资金主要由政府承担，城乡居民可直接受益。

（一）内容

免费享受十二项基本公共卫生服务项目有：

1. 城乡居民健康档案管理服务。

2. 健康教育服务。

3. 预防接种服务。

4. 0～6岁儿童健康管理服务。

5. 孕产妇健康管理服务。

6. 老年人健康管理服务。

7. 高血压患者健康管理服务。

8. Ⅱ型糖尿病患者健康管理服务。

9. 重性精神疾病患者管理服务。

10. 传染病及突发公共卫生事件报告和处理服务。

11. 卫生监督协管服务。

12. 按照省定标准开展的婚前保健服务。

（二）国家基本公共卫生服务均等化

国家基本公共卫生服务均等化是指每位中华人民共和国的公民，无论性别、年龄、种族、居住地、职业、收入，都能平等地获得基本公共卫生服务。可以理解为人人享有服务的权利是相同的，居民在可以需要获取相关的基本公共卫生服务时，机会是均等的。但是并不意味着每个人都必须得到完全相同、没有任何差异的基本公共卫生服务。目前国家提供的基本公共卫生服务中很多内容是针对重点人群的，如老年人、孕产妇、0～6岁儿童、高血压等慢性病患者健康管理等，因此，均等化并不是平均化。

凡是中华人民共和国的公民，无论是城市或农村、户籍或非户籍的常住人口，都能享受国家基本公共卫生服务。

不同的服务项目有不同的服务对象，可分为：

1. 面向所有人群的公共卫生服务，如统一建立居民健康档案、健康教育服务、传染病及突发公共卫生服务事件报告和处理，以及卫生监督协管服务。

2. 面向特定年龄、性别、人群的公共卫生服务，如预防接种、孕产妇与儿童健康管理、老年人管理、中医药健康管理等。

3. 面向疾病患者的公共卫生服务，高血压、Ⅱ型糖尿病、重性精神疾病患者健康管理等。

图 6-1 建立居民健康档案

三、农村的公共卫生

农村公共卫生涵盖农村医疗、防疫、妇幼保健和计划生育等方面。2018 年 4 月，国务院办公厅印发了《关于促进“互联网＋医疗健康”发展的意见》，提出：加快建设基础资源信息数据库，完善全员人口、电子健康档案、电子病历等数据库。健全基于互联网、大数据技术的分级诊疗信息系统，推动各级各类医院逐步实现电子健康档案、电子病历、检验检查结果的共享，以及在不同层级医疗卫生机构间的授权使用。互联网时代，加快了农村公共卫生服务体系的构建，促进了农村公共卫生服务快速发展。

当前，农村医疗也在逐渐完善。近十年来，国家在农村合作医疗方面，投资力度非常大，给农民带来了很多实实在在的好处，深得民心。

但在防疫及传染病方面任重而道远，与社会主义新农村建设的要求还有差距。

四、农村公共卫生存在的问题

（一）急性传染病流行

农村的卫生防疫条件不如城市，发生急性传染病如不及时防治，往往酿成重大突发公共卫生事件，特别是禽流感、口蹄疫、狂犬病等人畜共患病。

（二）群体食物中毒事件

群体食物中毒在农村较常见，通常是在婚丧宴请或学校集体伙食中误食被污染的食物、假酒、私盐，或在食物中混入有毒物质而造成大批人同时中毒。

（三）农村公共场所突发事件

大型文化活动如缺乏管理，场所狭窄或通道不畅，很容易发生拥挤践踏，造成重大伤亡。

（四）常见的传染病

1. 甲型 H1N1 流感

（1）得了甲型 H1N1 流感都有什么症状？人感染甲型 H1N1 流感后的早期症状与普通人流感相似，包括发热、咳嗽、咳痰、身体疼痛、头痛、发冷和疲劳等，有些还会出现腹泻或呕吐、肌肉痛或疲倦、眼睛发红等。

部分患者病情可迅速进展，来势凶猛、突然高热、体温超过 39 ℃，甚至继发严重肺炎、急性呼吸窘迫综合征、肺出血、胸腔积液、全血细胞减少、肾衰竭、败血症、呼吸衰竭及多器官损伤，导致死亡。

（2）健康人群如何做好防护？养成良好的个人卫生习惯，充足睡眠、勤于锻炼、减少压力、足够营养；避免接触流感样症状（发热、咳嗽、流涕等）或肺炎等呼吸道病人；注意个人卫生，经常使用肥皂和清水洗手，尤其在咳嗽或打喷嚏后；避免接触生猪或前往有猪的场所；避免前往人群拥挤场所；咳嗽或打喷嚏时用纸巾遮住口鼻，然后将纸巾丢进垃圾桶。

2. 手足口病

（1）什么是手足口病？

答：手足口病是由肠道病毒引起的一大类感染性疾病。肠道病毒包括脊髓灰质炎病毒、柯萨奇病毒、埃可病毒及新型肠道病毒的

71个血清型等。肠道病毒71型为新型肠道病毒的一个血清型，是引起小儿手足口病等的常见病原体。

该病四季均可发病，以夏秋季多见，多发生于学龄前儿童，尤其是3岁以下婴幼儿多发，少数病情较重，甚至会引起死亡。

（2）手足口病发病后有哪些症状？

答：手足口病发病后没有明显的前驱症状或仅有轻度不适，多数患儿突然起病，约半数患儿于发病前1～2天或发病同时出现发热症状，多在38℃左右。在患儿手、足、口腔黏膜以及臂部出现皮疹，皮疹通常不痛、不痒、不结痂、不结疤；由于口腔溃疡会伴有疼痛，患儿往往会流涎、拒食，皮疹通常会在1周内自行消退，同时体温也会下降。

手足口病往往会伴有较为严重的合并征。如肺水肿、无菌性脑膜炎、暴发性心肌炎等，这类患儿大多持续高热，病情发展迅速，2岁以内患儿多见，多在发病后3～5天内出现中枢神经系统、呼吸系统、循环系统严重并发症，并可引起死亡。

3. 流行性腮腺炎

它是由病毒引起的急性呼吸道传染病，通过唾液飞沫传播，传染性强。流行性腮腺炎发病大多较急，多数患儿以腮腺肿大开始发病，病初会出现发热、畏寒、头痛、咽痛、食欲不佳、恶心、呕吐、全身疼痛等症状。一两天后，常生在一侧耳垂下方，肿大，疼痛，说话或咀嚼食物时加重，有时还会出现张口困难、流口水等症状。部分病人患病3～4天后，对侧的腮腺也会发生肿大，甚至波及颈部及前胸上部，给患儿带来很大痛苦。

预防流行性腮腺炎应注意以下几点：

（1）养成良好的个人卫生习惯，做到“四勤一多”：勤洗手、勤通风、勤晒衣被、勤锻炼身体、多喝水。

（2）在呼吸道疾病流行期间，尽量减少到人员拥挤的公共场所；必须出门时，应戴口罩。

（3）若有发热或出现上呼吸道症状时，应及时到医院就诊，有利于早期诊治呼吸道传染病。

（4）一旦发现孩子患了腮腺炎，应立即与健康人隔离，防止传染他人。病人隔离期一般从起病到腮肿完全消退为止，约 3 周左右。

（5）接种疫苗是预防流行性腮腺炎最有效的方法，儿童应按时完成预防接种。

4. 狂犬病

狂犬病是一种急性传染病，一旦发病无法救治，病死率达 100%。人被带有狂犬病毒的狗、猫咬伤、抓伤后，会引起狂犬病。

目前，社会上养宠物的人非常多，因为宠物发生人与人、人与宠物、宠物与宠物之间的矛盾事件非常多。

对于如今“泛滥”的宠物，养宠物的前提条件是必须要安全，要保证主人与周围人不被宠物所伤。养宠物必须要讲究卫生，这个卫生不仅是指外表干净，还包括及时给宠物打疫苗，更包括带宠物出去时管住宠物的大小便以及夜间的噪音。此外，养宠物者还特别应该考虑带宠物去公共场所时他人的感受。要重视其安全、卫生等问题，关键不在宠物，关键在养宠物的人。如何处理好人与宠物之间的关系，人与人之间的关系，是每一个饲养宠物的人，甚至是每一个人都应该思考的问题。

那么如何预防呢?

（1）被宠物抓伤、咬伤后，应立即到狂犬病免疫预防门诊接种狂犬病疫苗，第 1 次注射狂犬病疫苗的最佳时间是被咬伤后的 24 小时内，之后第 3 天、第 7 天、第 14 天和第 28 天再各注射一次。

（2）被宠物咬伤、抓伤后，首先要挤出污血，用 3%～5%的肥皂水反复冲洗伤口；然后用清水冲洗干净，冲洗伤口至少要 20 分钟；最后擦 75%碘酒，只要未伤及大血管，切记不要包扎伤口。

（3）如果一次或多处皮肤形成穿透性咬伤，伤口被犬的唾液污染，必须立即进行注射疫苗和狂犬病血清。

（4）将攻击人的宠物暂时单独隔离，立即带到附近的动物医院诊断，并向动物防疫部门报告。

5. 鼠疫

鼠疫杆菌经呼吸道吸入或经消化道食入，通过黏膜和皮肤接触而感染，不易治愈，死亡率高。

如何预防呢？

（1）家中或单位发现死老鼠，应立即向所在地区疾病预防控制中心报告。

（2）如人体出现不明原因的高热、淋巴结肿大、疼痛、咳嗽、咳血痰等症状，应立即到医院就诊。一旦确诊，立即将病人隔离。

（3）由专业人员对病人用过、接触过的物品及房间进行消毒。

五、夏季如何预防常见病的发生

夏季温度较高，入伏以后空气中的湿度增大，而空气中的含氧降低，会给心肺疾病或其他慢性疾病的患者造成不利影响。在高温、高湿环境中工作和运动，人体消耗较大，大家应提高防范措施，预防中暑及其他疾病的发生。夏季是肠炎痢疾、中暑、心血管疾病、湿疹皮炎等多种疾病易发期。要健康第一，预防为主。从思想上、行动上高度重视，使夏季疾病的发生降到最低。

（一）夏季肠道疾病

多见于急性肠炎、胃肠炎、痢疾、食凉不当引起的消化不良等疾病。胃肠道疾病多见症状：急性腹痛、腹泻、恶心呕吐或急性高热等症状。胃肠疾患轻症患者可服用：胃肠安、藿香正气水。腹泻次数增多或大便中含有黏液及脓血便，患者有高热而无明显腹痛、腹泻者应及时到医院进行化验检查，确诊疾病性质进行治疗，防止因脱水使病情恶化。

预防措施：生吃蔬菜、水果或冷藏食品要切实加热消毒后再食用；冷食和冰镇饮料要适度；鱼蟹类水产品要选用鲜活品种当日食用。

（二）中暑

夏天最常见的疾病之一。多由于在高温、高湿的环境中出汗过多或体温调节功能紊乱所致的一种内科急症。中暑症状：全身疲劳无力，头晕胸闷，心悸，口渴，汗多或无汗，肌肉痉挛，严重者昏迷危及生命。

防治措施：快速将患者转至通风凉快的场所，服用藿香正气水，补充盐水，患者会很快恢复。若患者出现体温高于 38 ℃，面红，大汗，皮肤灼热，血压下降，脉快虚脱应及时到医院治疗。

预防措施：在高温环境中工作、锻炼的人员应加强通风隔热措施，合理休息，膳食搭配合理，补充含盐水分，适当掌握锻炼的强度和时间。特别提醒有心血管疾病、高血压病、肺功能低下、中枢神经系统疾病患者，在此季节中要科学安排日常生活，定期检查，按时服药，防止慢性疾病急性发作。

（三）心血管疾病

夏季温度高，湿度大，空气中氧含量降低，因此加重了有心、脑、肺疾患病人的心肺功能负荷。患有心肌缺血、高血压、哮喘的病人如出现胸闷、憋气、胸痛、心律不齐或出现上腹痛、后背痛、牙痛时应及时进行检查，防止突发病情变化。

防治措施：病人应经常检测血压，胸闷、胸痛及时做心电图检查，并含服速效救心丸、硝酸甘油急救药品。若症状不能缓解应及时到医院进行检查治疗。

（四）夏季常见的呼吸道疾病

咽炎、扁桃腺炎、气管炎、哮喘病等。症状：咽干咽痛、咳嗽气喘、发热等症状。

预防措施：夏季少吃辛辣、烧烤等刺激性强的食物，多喝水，冷饮要适度，保持大便通畅。

（五）皮肤科常见病

风疹、荨麻疹、毛囊炎或疖肿。由于潮湿的环境破坏了人体的体温调节机能，使身体排汗不畅，导致生痱子、起疖肿等皮肤炎症疾病，影响人们的工作和休息，降低了身体的防御能力。

预防措施：少吃辛辣食品，保持好生活习惯，室内要勤通风，洗温水澡，不要冷水冲洗。

还有一点要提醒大家，夏季饮食方面最好以清淡、好消化、营养价值高的食物为主，可以经常喝绿豆汤、冬瓜汤。

希望大家在夏季要保持良好的睡眠质量，保持良好的心态，注意劳逸调节，保持良好的身体素质，愉快地度过夏天。

六、农村公共卫生预防对策

1. 不能随地大小便。因为随地大小便污染环境及水源，是造成苍蝇生长繁殖的条件，易造成疾病传播。

2. 推广无害化卫生厕所。卫生厕所的粪池建成三格化粪池、双瓮等形式，或与沼气地连通，使粪便得到处理，能灭活粪便中的寄生虫卵及传播疾病的致病微生物。

3. 厕所、粪坑应离水源 30 米以外，防止水源污染。

4. 粪便与疾病传播。粪便可通过多种途径感染人，最常见的感染途径有：

（1）食物。这是较为常见的途径。

（2）饮用水。粪便的病原体污染生活用水和饮用水源，可造成肠道疾病的个体或群体的感染。

（3）洪涝期间粪池管理不当，造成粪便外溢，人们在趟水中接触被污染的水体，可造成皮肤病的发生和感染。

5. 改厕粪管对人体健康的影响。改厕是预防肠道传染病和寄生虫病的主要措施。绝大多数肠道病毒、肠道致病菌、肠道寄生虫及卵是与人粪一起排出体外的，粪便是导致人类肠道传染病和肠道寄生虫的元凶，粪便的无害化处理是控制肠道传染病发病率的关键。

6. 不要喝生水。因为生水中含有细菌和虫卵等不洁物质，可引起肠道传染病（痢疾、伤寒、肠炎等）和肠道寄生虫病（蛔虫病等）。

7. 不要随地倒垃圾。垃圾里常带有多种病菌和寄生虫卵以及有害物质。垃圾中有机质腐烂分解的时候还会散发出大量有害气体，滋生苍蝇、跳蚤、老鼠，传播疾病。

8. 家庭卫生要求。居室整洁通风好，卧具干净勤洗晒。碗筷灶具干净，生熟食具分开，家庭成员有良好的卫生习惯，无四害，讲究饮食卫生、家庭主要成员懂得卫生防疫知识，家禽畜圈养，禽畜舍干净，柴草、粪土、煤堆放整齐，庭院清洁，厕所符合要求。

第七章 农村常见的健身项目

随着新农村建设及乡村振兴战略的有序推进，农民健身运动愈备受关注。在农村开展哪些健身项目有助于全民健身运动的发展，从而以科学健康的方式，推进健康乡村建设，让农民体育健身生活化、常态化，充实农民的幸福感，这是个值得思索的问题。在农村开展健身项目，要考虑农村公共服务水平、公共资源配置、基础设施、特色文化、季节、人才等因素，只有从上到下多方努力，共同参与，才能很好地开展健身活动。本章考虑到农村场地、器材的因素，主要介绍一些只要有一块平整土地就能活动的最常见的体育项目，来丰富农民的业余生活，提高运动的兴趣，促进健身运动的开展。

第一节 太极拳及太极器械

一、太极拳的健康养生作用

太极拳运动是我国优秀的传统文化当中的民族宝藏，以其动作舒缓、自然、流畅以及圆润，同时还有其本身所具备的良好健身与益智作用而受到广大人民群众的推崇和喜爱。如今，太极拳已成为广泛流行的一项健身体育运动。练习者针对意、气、形、神的锻炼，非常符合人体生理和心理的要求，对人们身心健康及社会和谐共处，有着极为重要的促进作用。通过长期习练，可以达到修身养性、陶冶情操、强身健体、益寿延年的目的。

健康长寿，是人类追求的永恒主题。太极拳轻灵飘逸、行云流水的特点成为人们养生的首选项目。习练太极拳的过程不仅是身体的规律运动和操练，更是心灵的历练和滋养。

太极拳运动强调意念，讲究周身一体、内外兼修，要求习练者心神专注，恬淡虚无，真气从之，极为重视人体精、气、神修炼和相互依存的关系，故有“内外兼修”的练功原则。

太极拳运动要求身体放松，心静专一，意念引导内气和动作，这完全符合人体的生理保健要求，能促进人体新陈代谢，使大脑和身体得到安静和平衡，从而提高人的免疫力，增强体质，健康长寿。太极拳所具有的健身与养生的双重功能，吸引着数亿人趋之若鹜，闪烁着古老的东方文化色彩，体现出太极文化的巨大价值。

（一）生理效用

太极拳注重身、气、意之间的协调。练习时可锻炼肌肉筋骨，又能对内脏加以按摩，实现强身健体。

练习太极拳要求“心静意定”。练拳时必先心静，将所有任务交由意定执行，长此以往，会提高神经系统的灵敏性。

现代社会的人们锻炼时追求有氧运动。太极拳就是这样。它能使人体内气血运行顺畅，长时间练习会有指间麻软、关节微响、针刺、腹鸣等感觉。太极拳中的搂膝、拗步等动作，可挤压与放松练习者的动脉血管，促进血液循环，促进新陈代谢，增强个人抵抗力。

太极拳的动作较舒缓，采取走圆或弧的步法，半蹲屈腿式运动，身体重心频繁变换，又夹杂搂拗、绞转等动作，可提高身体各部分肌肉的肌力及耐力。下势、蹬脚等招式属于多方向、大幅度的动作，坚持练习能改善各关节的活动范围。

太极拳运动重视呼吸。习练时通过深、长、细、缓、匀的腹式呼吸方法，增加肺活量，提高心肺功能。

太极拳运动是全身心的运动，同样具备运动的功能和效果。练拳时，能自我按摩内脏，增加唾液的分泌，提高身体功能。

总之，多方面的研究已经证实，长年习练太极拳对治疗各种慢性病，如神经衰弱、高血压、糖尿病等都有一定的效果。

（二）精神效用

太极拳习练时要求“心静用意，心无杂念”，身体放松，精神凝注于“意”上，习练之后会使人顿感轻快，神闲气定，气血循环畅旺，精神抖擞，自信坚定，工作效率自然提高。

太极拳提倡身心和谐，不强人强己所难，内外相合、虚实分明、刚柔相济。在习练中能认识及体验和谐、协调的阴阳哲学观。

太极拳注重练拳先修德。其“舍己从人”观，借力打力法等都不是加害对方，只是想让自己立于不败之地。

读懂太极拳丰厚的文化底蕴，铭记遵从太极拳的修身处世之道，修习太极拳努力做到“中正安舒，心静体松”。习练太极拳恰如做人做事，只要“中正”，就可安舒；只要“心静”，就能“体松”。正是“宠辱不惊，看庭前花开花落；去留无意，望天空云卷云舒”，此乃高境界也！

太极拳的起源与流派

二、太极拳的起源及分类

太极拳起源于明末清初的河南温县陈家沟，其他流派均由陈式太极拳发展而来。

（一）陈式太极拳

由河南省温县陈家沟陈王廷（字奏庭，1600—1680年）所创，为陈氏第九代人，出生于明万历二十八年，明武庠生，清文庠生。其祖陈思贵，任陕西狄道县典史，其父陈抚民，曾任征士郎，均好拳习武。

图7-1　太极拳创始人陈王廷

（二）杨式太极拳

由河北省永年人杨露禅（名

福魁，1799—1872年）所创，籍贯为永年县。杨露禅为太极拳第七代传人。十八年中三下陈家沟，深得陈式太极拳精髓。他钻研拳术，使动作更舒服协调，去掉了其中难度较大的动作，主要是为了健身。

杨露禅勤奋刻苦练拳的事迹对后世影响很大。其中在导演冯德伦主导的电影《太极1—从零开始》中介绍，120年来，共有87位求拳者来到陈家沟，其中63人听说陈家拳不外传，自动离开，11人在村口落败，5人在集市挂点，剩下的全止于牌楼，除了混进村打杂的八指董爷之外，就只剩下杨露禅了。从数字可以看出，杨露禅学拳的艰辛，他的这种不离不弃精神在当今很值得大家学习。

图7-2　杨式太极拳创始人杨露禅

（三）武式太极拳

由河北省永年人武禹襄创编出来的。武禹襄为太极拳第八代传人。主要是练习小架，特点是划小圈，动作简洁大方。

（四）吴式太极拳

由满族人全佑创编出来的。全佑先从杨露禅学杨式太极拳大架，后拜杨露禅次子班侯为师学小架，兼得杨家父子之长。其特点主要是柔化，力量适中，连绵不断。

图7-3　武式太极拳创始人武禹襄

图7-4　吴式太极拳创始人全佑

（五）孙式太极拳

由河北省顺平县人孙禄堂创编出来的。特点是进步必跟，退步必随，动作灵活，范围不大，变方向时大多以开合手相接，故又称“开合活步太极拳”。

图 7－5　孙式太极拳创始人孙禄堂

（六）和式太极拳

由焦作市温县赵堡镇人和兆元创编出来的。和兆元为太极拳第八代传人。他 19 岁从师陈清平学习陈式太极拳小架，尽得太极拳真谛，钦封“武信郎”。特点是全身尽量浑圆。长子和润芝、次子和勉芝、三子和敬芝、四子和慎芝及长孙和庆喜皆善太极拳。

图 7－6　和式太极拳创始人和兆元

各流派之间的关系具体见图 7-7：

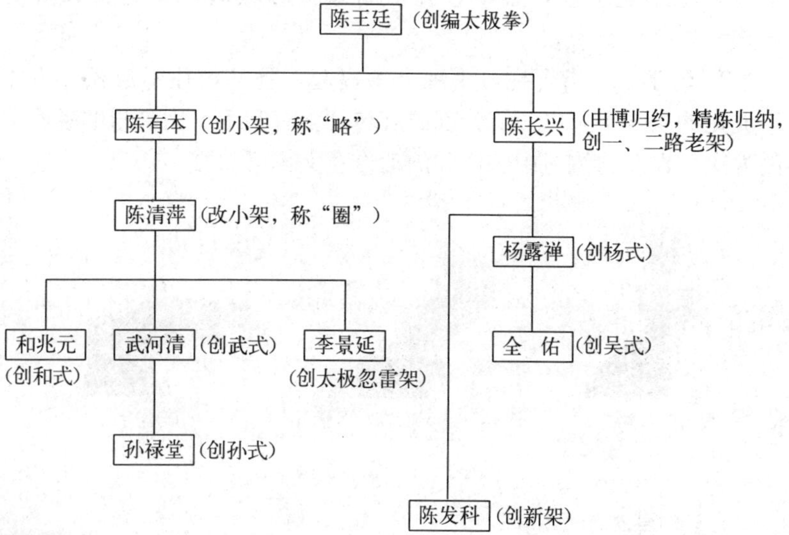

图 7-7　太极拳流派发展衍变

太极拳练习基本原则

太极拳关节活动操

三、太极拳的基本功

陈式太极拳是基础，其他拳种是从陈式派生出来的，因此，太极拳基本功的介绍主要以陈式太极拳为主。太极拳在农村很受欢迎，是一项很普及的健身项目。

（一）基本手型动作

1. 掌　陈式太极拳对掌的要求是“瓦拢掌”即像瓦片一样，中间低，两边微微隆起，拇指与小指有相合之意，最为突前；食指、无名指居中；中指微向后仰，处于最后。三个层次彼此间均相差半个手指指腹的距离。四指均轻微合拢，但不要用力，掌心要虚。

2. 拳　陈氏太极拳的握拳形式是以四指并拢卷曲，指尖贴于掌心，然后拇指卷曲，贴于食指与中指中节上，握成拳形，但又不要握得太紧。注意在发拳时腕部千万不能软，拳顶不能上撩，也不能下栽，必须直腕。如果腕部软塌，拳遇实物就会受伤。

3. 勾手 五指合拢，手腕上领提起，腕部钩住不放松，不能形成死钩。钩手可以锻炼腕部的旋转，含有叼手、擒拿与解脱擒拿的方法，在套路练习中，钩手的动作意义不可忽视。

(1)掌　(2)拳　(3)勾手

图 7-8　基本手型

（二）基本步型动作

太极拳的基本步型主要有：

1. 中定步 立身中正，全身放松，头正微上顶，裆要开圆，脚踏实地，重心在两腿中间。

(1)　(2)　(3)

图 7-9　中定步

2. 弓步 有左弓步、右弓步、前弓步、后弓步。弓步时虚实要分清，两脚在一条水平线上。

图 7-10　弓　步

3. 虚步　有前虚步、跟步、丁字步。要求支撑腿一定要实，虚步要脚尖点地。

图 7-11　虚　步

4. 独立步　是一种高步法。一腿站立支撑身体重心，站立腿要挺而不直，稳重自然；另一腿屈膝提起，与胯平，脚尖内扣，旋于裆内。

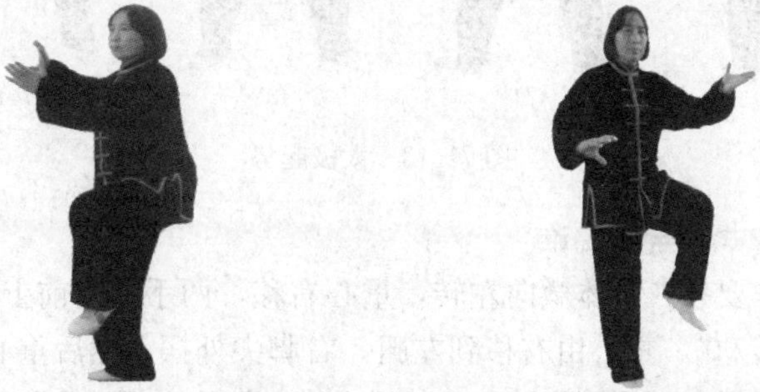

图 7-12　独立步

（三）陈式太极拳精要十八式动作名称及图解（演示由作者本人来做）

1. 动作名称

（1）太极起势	（2）金刚捣碓	（3）懒扎衣
（4）六封四闭	（5）单鞭	（6）白鹅亮翅
（7）斜行	（8）搂膝	（9）拗步
（10）掩手肱拳	（11）高探马	（12）左蹬一跟
（13）玉女穿梭	（14）云手	（15）转身双摆莲
（16）当头炮	（17）金刚捣碓	（18）收势

2. 动作图解

第一式　太极起势

动作要领：两脚并立，成立正姿势。舌尖轻抵上腭，二目平视。屈膝松胯，提左脚向左横开一步，比两肩略宽，立身中正，虚领顶劲。两手缓缓上升与肩平，松肩沉肘，屈膝松胯，两手随身体下按至腹前，手心向下，二目平视（图 7－13）。

(1)　(2)　(3)　(4)

图 7－13　太极起势

第二式　金刚捣碓

动作要领：身体微向左转，重心右移，两手向左前上方掤出。身体右转 90°，重心由右移到左腿，右脚尖外摆。然后重心移至右腿，左腿提起，屈膝松胯，身体微左转，两手上掤。左脚向左前方铲出，两手继续向右后上方加掤劲，重心转移到左腿，两手先分再合，提右腿旋于裆内，右脚震脚落地，脚掌踏平，两脚间距约与肩同宽，目视前方（图 7－14）。

(1)　(2)　(3)　(4)　(5)

(6)　(7)　(8)　(9)

图 7－14　金刚捣碓

第三式　懒扎衣

动作要领：身体微左转，右拳变掌，两手拉开，继续旋转交叉于胸前，提右腿向右横开一大步，脚跟内侧着地，重心左移，两手分开，左手至身体左侧叉腰，右手外开至右膝上方，松肩沉肘（图 7－15）。

(1)　(2)　(3)　(4)

图 7－15　懒扎衣

第四式　六封四闭

动作要领：身体右转，重心略右移，左手从腰间走上弧与右手相合；右手略前引下沉，重心左移，两手左逆右顺缠，自右而向左上方捋，两手变左顺右逆缠向上划弧，合于左肩时，重心不变，身体微右转下沉，两手向右前下方按，左脚收于右脚内侧，脚尖点地，目视右前下方（图 7－16）。

(1)　(2)　(3)　(4)　(5)

图 7－16　六封四闭

第五式　单鞭

动作要领：身体微右转，两手双顺缠，手心朝上。重心在右，左腿以前脚掌着地，身体右转，重心全移于右腿，左腿提起，右手腕领劲，松肩沉肘，上下相合，右腿支撑重心，左脚跟内侧着地，向左铲地滑出，脚尖上翘里合，右手腕领劲，左手下沉合劲，重心左移，成左弓步（图 7－17）。

(1)　(2)　(3)　(4)　(5)　(6)

图 7－17　单　鞭

第六式　白鹤亮翅

动作要领：身体左转，双手交叉于胸前，重心移到左腿，上右步，左手微顺缠加外绷劲，重心右移，两手外开，左手下按；右手上绷，两臂成弧形，左脚尖向前点地，目视前方（图 7－18）。

(1)　(2)　(3)　(4)　(5)

图 7－18　白鹤亮翅

第七式　斜行

动作要领：脚步不动，身体左转，左手逆缠后摆；右手向左前划弧摆动，身体右转，左脚尖着地；重心移至右腿，左腿提起，两手向右上挪。左脚开步，重心左移，左手逆缠，右手顺缠，身体继续左转，重心在左，左手变勾手提至肩平，右手立掌合于胸前，右手逆缠划弧向右拉开，含胸塌腰，松胯屈膝，目视前方（图 7－19）。

(1)　(2)　(3)　(4)

(5) (6) (7)

图 7-19 斜 行

第八式 搂膝

动作要领：身体下沉，松胯屈膝下蹲；两手先逆后顺略上领，再变顺缠下合于左膝上方，重心在左腿，两手领劲上掤，左手在前，右手在后，立掌于胸前中线，重心移至右腿；左脚收至右脚左前方，脚尖点地，目视前方（图 7-20）。

(1) (2)

图 7-20 搂 膝

第九式 拗步

动作要领：身体微右转，重心在右腿，两手右逆缠左顺缠后下捋，左腿屈膝提起向前上步，重心移至左腿，右腿屈膝提起，重心移至右腿，提左脚向左前方上一步，身体随上步自左向右转体 90°右手下沉，左手经左耳与右手交叉相合于胸前，重心偏右腿，目视前方（图 7-21）。

第十式 掩手肱拳

动作要领：重心左移，两手逆缠自下向左右分开。重心右移，右手顺缠上翻变拳合于右腰间，拳心向上；左手立掌合于胸前正中

图 7-21 拗 步

线，右腿蹬地里合，身体迅速左转，松左胯，右拳逆缠螺旋前冲，左肘向后发劲，目视左拳前方（图 7-22）。

图 7-22 掩手肱拳

第十一式 高探马

动作要领：身体右转，两拳变掌，左手逆缠前掤，右手逆缠下分，身体左转，重心右移，右脚尖内扣，右手外翻与肩平，左手顺缠里合。

重心移至右腿，左脚向左后划弧，收于右脚内侧；右臂向右侧推；左手收于腹前，目视右前方（图 7－23）。

(1)　(2)　(3)　(4)　(5)

图 7－23　高探马

第十二式　左蹬一根

动作要领：左手逆缠外掤，重心移到左腿，提右腿向右横开一步。两手轻握拳，左腿屈膝提起，脚尖放松，悬于裆内，目视左前方，右腿支撑重心，身体略右倾，左脚用腰裆弹力向左侧平蹬与腰平。两拳分别向左右冲击，力贯拳面（图 7－24）。

(1)　(2)　(3)　(4)

图 7－24　左蹬一根

第十三式　玉女穿梭

动作要领：左脚落地，重心左移，屈膝松胯，两手双逆缠下合，两手迅速向上领起，双脚上纵离地，双震脚落地，右腿屈膝提起，里合外蹬，左手向左后发肘劲，右脚跨步落地，重心移至右腿，右脚蹬地弹起前纵，身体在空中向左旋转 180°，左手向左猛推，右掌向右开，右脚从左脚后插过，身体右转 180°，两手随转体左顺右逆由左向右后转捋，目视右前方（图 7－25）。

图 7－25　玉女穿梭

第十四式　云手

动作要领：右手顺缠，左手逆缠，右脚向左后插步，脚尖点地。重心移至右腿，左腿向左前方横开一步，脚跟着地，身体左转，重心移至左腿，右脚插步于左脚左后方，目视在左前方（图 7－26）。

图 7－26　云　手

第十五式　转身双摆莲

动作要领：两手向右后捋，身体向右后旋转 180°，重心右移，左腿向前方开步，重心左移，两手掌向前与右脚外侧拍击相合，目视前方（图 7－27）。

(1)　(2)　(3)　(4)　(5)

图 7－27　转身双摆莲

第十六式　当头炮

动作要领：拍脚后，右腿向右后撤一步，重心在左腿。身体微右转，重心移至右腿，两手握拳合于右胸侧。右脚蹬地，重心移至左腿，两拳合力向前发劲，拳眼向上，拳心相对，目视前方（图 7－28）。

(1)　(2)　(3)

图 7－28　当头炮

第十七式　金刚捣碓

动作要领：同第二式。

第十八式　收势

动作要领：右拳变掌，两手下分，各向左右划外弧合于两肩前。缓缓下按于两大腿外侧，身体慢慢立起，成站立姿势，目视前方（图 7－29）。

图 7－29　收　势

四、太极拳练习中容易出现的拳病

1. 顶　太极拳病，主要是劲力运用单调，以刚对刚，不能发挥“引进落空”的太极拳技术特点。

2. 顶劲　太极拳推手时易犯的错误。主要是双方以硬力相抗，丧失太极拳轻灵、圆巧的运动特点。产生这一错误的基本原因是拳架功夫没有打好，缺乏锻炼，对太极体会不深。

3. 顶牛　是一种不正确的用力方法。推手双方违背太极拳“以柔克刚”“引进落空”的技击原则，以硬力相抗，缺乏变化，丧失灵活，向为拳家大忌。因状如蛮牛相顶，故叫顶牛。

4. 丢顶　练拳时头、颈、脊、腰等脱节，没有达到自然的吻合。为太极拳病。练拳时应不丢不顶，不脱离，不硬抗，粘住随之，舍己从人。

5. 杂念　练太极拳时神意不能完全集中，心存杂念，意念与拳式的配合不够协调，不断产生纷杂的意识干扰，做不到心静体松。

6. 翻臀　为太极拳病，指臀部外凸，是太极拳练习中易出现的现象。

7. 浮　为太极拳练习常见病之一。表现为劲力单薄、下肢飘摇、内气憋胸，久之易损体伤力，名为“拳病”。基本原因在于练拳时心不静，动作不到位，或肩、胯等关节没有放松等。

8. 滑拳 为太极拳病。指在练拳中过于拖浮。太极拳论曰：“只圆无方是滑拳。”

9. 僵劲 指练拳未纯熟之时，劲力转换不灵、不畅，婉转性不够，只停留在形的阶段。形与意也不能完全相合。练太极拳应逐步去掉僵劲。

10. 撅臀 臀部过分后耸，造成劲力不畅。

11. 憋气 太极拳拳病。主要是违反呼吸自然原则，过分注重呼吸或动作僵硬造成气息淤积在体内，造成憋气。练拳时应口腹均匀，平缓呼吸。

12. 十练九伤 由于违反生命自然规律，一味强练、硬练，不注意阴阳调和，不注意练养结合造成对身体的伤害。心不平伤其气，气不顺则伤其血，血不畅则伤其形，形不正则伤其心。皆因过分强为所致。练拳要讲究科学，不可急于求成，应自然而为，四肢腰腿不可起强劲。

13. 提肚 练拳时肚子过分向里收，腹部不难松，气不能下沉。腰部也难以灵活，做不到以腰为轴。

知识拓展

练太极拳时要注意的问题，你知道吗？

1. 习练太极拳如何避免伤膝盖？

练习太极拳无病健身，有病康体。然而却有不少拳友在太极拳的习练中，出现了不同程度的膝关节疼痛现象。许多人误以为，是练太极拳练伤了膝关节，这是对太极拳极大的误会。

练太极拳怎么会引起膝关节疼痛呢？其实，这往往和练习不得法有关系，常说要科学锻炼，一般不会造成身体伤害。在定式时，膝关节要有微向里扣之意，两膝前后（或左右）互相呼应，配合胯跟撑开撑圆，把裆劲合住，这叫合中寓开，使得下体沉着有力，裆部也能保护得住。前足弓出踏实时，膝尖不可超出脚尖，以免失去平稳，也不宜与小腿成垂直线，这样会影响到下一动作的灵活性。因此，凡前足弓出，膝节应略向前伸出垂直线，而以不超出脚尖为度，这样才能防止膝关节损伤（图 7－30）。

图 7－30　正确的站桩

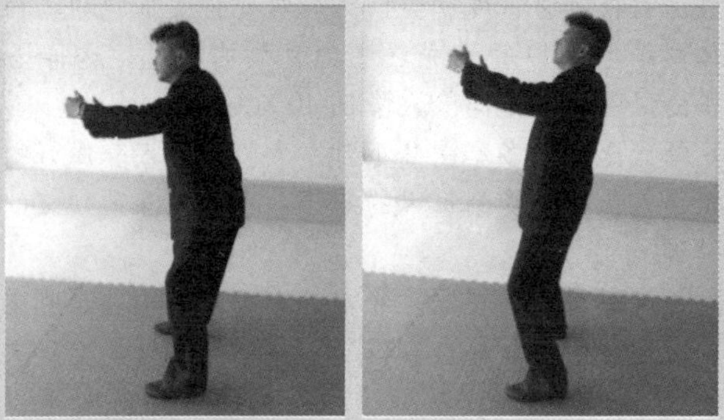

图 7－31　错误的站桩

2. 为什么强调初练太极拳一定要放松呢?

（1）练习时能量消耗很多，血液循环和新陈代谢加快，只有舒松自然，使更多毛细血管松开，血液循环才会畅通无阻。特别是下肢静脉回流心脏的血液，主要就是依靠肌肉的张弛及关节伸屈而产生的有节律的挤压作用而完成的。而太极拳注重的放松练习，再加上运动多走弧线，肢体螺旋形拧转进退，对于促进静脉血液的回流，加快血液循环十分有利。因此初练时一定要注重放松。

（2）为了拉伸筋骨。太极《拳论》云："远打一丈不为远，近打只在一寸间。"练习时要想打一丈，筋骨肌肉不放长不行，若想近打于一寸之间，骨节不活络不中。常听说：宁练筋长一分，不练肉厚一寸。只有在放松放长基础上才能产生弹性。

3. 何为"太极拳""太极操"?

太极拳和太极操是截然不同的，但在推广和发展上缺少传承中较好的练法，习练者没有得到名师指点，一些人只重外表、不求内在，或按网上视频照猫画虎的打出套路。不了解拳理和拳法，把拳架练成了"太极操"。而太极拳要求松、沉、柔、匀、圆、以腰胯带动四肢，身心双修。

4. 每天习练太极拳，身体会产生哪些变化?

（1）会渐渐拥有一副"钢筋铁骨"。其实，只要每周拿出3天时间去练太极，骨密度就会因为刺激变得更加强韧，而且日晒会促进体内维生素D的合成，增加骨质的密度。这样坚持3个月，骨折的风险就会比同龄人降低40%左右。

（2）每天比别人多享受2小时。太极能使人养成好的生活习惯，能比别人优先享受到每天的阳光，也能在深秋到来的落叶上踩上第一脚。

（3）每晚睡得更香更沉。经常练太极的人，由于肌肉和关节经常受到深层刺激而需要自我修复，身体会自动调整到更容易深度睡眠的状态。所以会比从不运动锻炼的人提前入睡20分钟，并且更容易进入深层睡眠状态。

（4）少生病。因为经常性的太极和健身锻炼可以提高身体的免疫力，会变得更容易适应变化和其他环境因素，也就不会这么容易生病。

5. 习练太极拳时要注重的10个要领

（1）动中求静。要全身放松，注意力集中，排除杂念。

（2）含胸拔背。胸微内含，动作伸展。

（3）内外相合。即肌体配合协调，动作连贯，而且要做到意识、动作和呼吸相结合。

（4）上下相随。要求协调一致，一动无有不动。

（5）沉肩垂肘。肩肘自然下垂，以免气往上提。

（6）用意不用力。要全身放松，以意念引导动作。

（7）分虚实。腿部动作要虚实分明，避免重心同时落在双腿上，出现“双重”现象。

（8）松腰。腰是主宰，连接各关节的活动，腰部放松有利于腿部的稳定性和腰部的灵活性。

（9）相连不断。动作要求连贯、圆活、连绵不断，一气呵成。

（10）虚灵顶颈。头部自然上顶不要东斜西歪或自由摇摆。

陈式太极单刀

五、太极器械种类及特点

（一）太极器械种类

太极器械有单刀、双刀、单剑、双剑、双人粘枪、青龙偃月刀等。

（二）太极器械的特点

1. 单刀　常见的有 23 势，又名太极十三刀。其特点为：多以缠头裹脑动作为主，加上劈、砍、挂、撩等刀法，结合步法、腿法、跳跃、翻转等动作，使整个套路构造雅观大方、雄健有力、有练刀如猛虎的气势。

2. 双刀　常见的是 35 势。其特点为：套路除砍、劈、撩、挂等刀法外，突出刀花，多用腰劲。练起来紧凑英武，和谐一致。

3. 单剑　常见的是 49 势。单剑是短兵器的一种，套路中多用挂、撩、劈等剑法。以腰为主宰，配合身法、步法，运动螺旋劲，雀跃、轻快、飘洒，刚柔相济，形成套路的特点，有练剑如游龙的妙趣。

4. 双剑　常见的是 39 势。双武器的一种，其特点为：套路中有各种刺、点、撩、挂等剑法，配合步法，动作腕力凸出，机动多变。

5. 双人粘枪　主要为粘随不脱、蓄发相变的刺枪术。粘枪时听不到枪杆嘎吱嘎吱响声，枪法分四枪对扎法和八枪对扎法两种。

6. 青龙偃月刀 属长器械类。挥动时气概宏伟，赖誉为兵中之帅，有劈、砍、抹、带、挂、斩等刀法。运用时背及刃明白、清晰，应用时灵活多变，套路动作配合调和，完全一致，有刀如猛虎的雄壮形象。

(1) 太极扇

(2)太极枪

(3)太极单刀、双刀

(4)太极剑

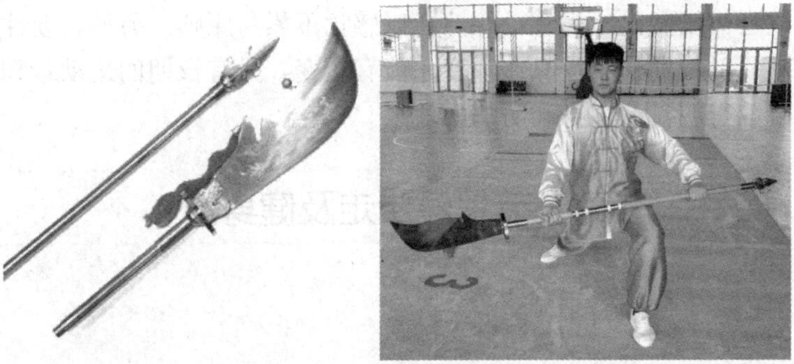

⑸青龙偃月刀

图 7－32　太极器械

六、练习太极器械时应注意的问题

（一）要注意因人而异

练习者应根据自己的年龄和体质情况来决定练器械的动作幅度和力度，要因人而异，不要勉强。器械与人要成为一体，注意身体的协调性及动作的连续性，练习时，可通过身体的协调运动，对内脏产生按摩作用，从而改善内脏器官的各项功能，达到健身防病的目的。

（二）要注意因时因地而异

时间、场地是练习器械的基础，但练习的条件不高，只要有一块平整的地面就可以活动，每个人要根据自己的时间来确定练习时间，不要找客观理由。练习一定要坚持，持之以恒，方能有效果。

（三）要注重动作技术的规范性

练器械动作，可能比练拳难度更大些，不但身体要到位，器械也要到位，还要注意动作的规范以及劲力方法要正确，做动作时要使劲力，节节贯穿于周身各部，使全身的血液循环加快，增加血管弹性，加速血液供养以及加快循环代谢。

（四）要注意量的适度和量的积累

运动量一定要适度，既不要过大，也不要过小。特别要注意下肢用力不宜过度，以免膝关节形成运动性损伤。一般情况下，练习时以身体微微出汗为宜，练习后以感觉不累为原则。另外，要注意运动量的长期积累，只有量变才能有质变，只有长期的运动量积累才能取得明显的健身和防病的效果。

第二节　健步走及健身跑

一、健步走的主要特点

（一）健步走的概念

目前健步走是一项大家喜闻乐见的活动项目，组织起来相对容易些，又是一项群体性活动，人多热闹，所以大家不管认识与否，只要是锻炼身体，就很容易凑到一块。这不只是为了锻炼，也有助于大家沟通交流，是一个大平台，对促进社会大家庭的和谐稳定也起到很好的促进作用。

那么，什么是健步走呢？

健步走是在自然行走的基础上，躯干伸直，收腹、挺胸、抬头，随走步速度的加快而肘关节自然弯曲，以肩关节为轴自然前后摆臂，同时腿朝前迈，脚跟先着地，过渡到前脚掌，然后推离地面。健步走时，上下肢应协调运动，并配合深而均匀的呼吸。健步走运动是属于健身运动。说得通俗点，即向前迈步的过程中肉眼看不到腾空，从前进脚落地的一刻起直到腿部达到垂直的姿势，腿部必须保持直线即膝关节不得弯曲。

（二）健步走的主要技术特点

1. 步态　从步行的姿态讲，要求上体姿势基本是正直的，眼看前方，颈部肌肉放松；步距大致是身高（厘米）减去 100（厘米）的距离，这样走起路来才能真正起到健身的效果。步距过小会导致小腿肌肉过粗，同时容易出现酸疼的感觉，步距过大则对膝关节的冲击力较大。

2. 弯臂摆手　摆臂是走路的基本生理活动，大部分人也都是直臂摆手，但在健走过程中要求弯臂摆手，肘关节成 90°夹角，以肩关节为轴进行最大摆动。因为直臂摆手在走的过程中离心力过高，导致血液回流不畅，进而出现手臂麻、涨的感觉，影响神经末梢。弯臂摆手则会避免这样的问题，摆动过程中手臂沿体侧前后摆动，幅度稍大些才能更好地锻炼上肢。

3. 躯干扭动　绝大多数的人走路没有躯干的扭转，对于那些“将军肚”和想减掉肚子上脂肪的人来说，躯干扭转尤为重要，在健步走过程中，手臂摆动将带动左右肩前后摆动，腰部要收腹，提膝，中轴扭转，这样就会让腰腹很好地运动起来。

4. 步频　步频是健走运动获取锻炼效果的重要指标，不同的步频有不同的锻炼效果。在走的过程中保持一定的频率，才能更好地提高心肺功能，达到健身减肥效果。一般来说，男士 90～130 步/分钟，女士 80～120 步/分钟。

5. 脚蹬地技术　健步走时，先让脚跟着地，滚动到前脚掌，以脚趾发力蹬离地面，这是一个完整的着力过程。要求每走出一步都要用脚趾认真发力蹬离地面。避免脚前掌走路带来的足底疼痛和小腿肌肉紧张问题。

6. 呼吸方法　一般是采用口和鼻同时呼吸，以口呼吸为主。呼吸要有节奏，一般是两步一呼两步一吸。

7. 保证时间　每天拿出固定的 30～40 分钟锻炼，一口气走下来，切不可走两分钟歇一分钟，走走停停，这样锻炼的效果才会更加明显。常说锻炼要朝三暮四，朝三是指早上 5～9 时，走 3 000 步；暮四是指晚上 17～22 时，走 4 000 步。

二、健步走的健身作用

1. 心情愉悦　人们在健步走时，听着音乐，甩开手臂，挺起胸膛，不自觉地就会心情很放松，减小精神压力，增加自信心和自我控制能力。健步走弘扬了运动健康的理念，激发了人们参与健身运动的热情，培养了健康的生活习惯，又搭建了友谊的桥梁，增进了人们之间的交流与协调，提升了国民昂扬向上、奋勇争先的精神风貌，对促进全民健身运动的开展意义非凡。

2. 改变血液质量　每天坚持活动半小时左右，强度大小因人而异，不同年龄人群可根据自己的情况量体裁衣，这样不但可以降低血液的黏稠度，还能增加红细胞携带氧气的能力、增加组织器官的血流量，从而有效防止动脉粥样硬化的发生和发展，对防止脑血栓、心肌梗死等并发症的发生有很大的益处。

3. 促进骨关节健康　健步走运动可以增加骨密度、骨和关节力量，增加韧带、肌腱的力量，防止多种骨、关节、肌肉、肌腱的损伤，降低骨质疏松发生的危险性。特别是年龄在50岁以上，年过半百，骨关节的功能渐渐退化，容易出现慢性关节疾病，如骨关节炎、退行性骨关节病、增生性关节炎、老年性关节炎等，这都很容易影响生活质量。健步走运动，可以慢慢改善和促进骨关节健康。

4. 改善睡眠质量　经常健步走，可以缓解精神压力，使兴奋灶转移，促进睡眠。中医专家提醒，健步走是一项绿色运动，在任何时间、任何地点，只要愿意就是可以进行的运动，身心放松有助于促进睡眠。

5. 增加人体免疫能力提高抗病能力，加快病后康复速度。

三、健步走应注意的问题

（一）做到三点一线

所谓“三点”是指耳朵上峰位置点、肩峰位置点和股骨大转子凸起点，“一线”则是这三个点在一条垂直线上。这样才能避免驼背，胸腔打开，呼吸更加流畅，塑造良好的上身姿态，减少背部疲劳。

（二）百汇上引

指头顶的百会穴部位要像绳子牵引一样垂直向上顶，这样才能避免颈肩过度前倾，同时调整正确的颈椎位置，避免长时间对椎管内神经、血管的压迫，导致头晕、缺氧等状态。

（三）重视热身和放松环节

在每次健步走之前，至少应该包括5～10分钟热身运动，如四肢小肌群及腰背部核心肌群的拉伸，肩、胯、膝、踝关节的旋转，以及缓解紧张焦虑情绪等心理准备，如此使身体微微发热出汗，心率缓慢提高，便可进行中速甚至快速的健走。

同理，健走后最好需要 5 分钟左右的放松整理时间，用来避免运动突然停止后造成的回心血量减少及预防乳酸在肌肉内的堆积。

重视热身和放松环节，有利于预防和减少损伤，促进机体的健康。

（四）运动鞋、帽、衣服要舒适

健步走穿的鞋子应该具有透气、弹性、稳定、轻盈、扭转控制、抓地力以及缓震等功能。运动过程中足底承受的压力是最大的，足底出的汗量也非常大，透气好的鞋可以减少细菌繁殖，保护皮肤。走路过程中每一步对身体都是一个振荡，有弹性的鞋可以保护脊柱、神经和关节。天热时一定要戴帽子，穿防晒，另外衣服也要宽松舒适，吸汗，速干，这样穿着才会舒服。

（五）走姿正确

要腰背挺直、肩膀不用力。脸朝前，视线望向前方 15～20 米。手肘微弯，膝盖伸直，步伐大小适中，尽量做到脚部轻盈，不要拖地。经常拖着脚走路，会对脚部及踝部关节造成损伤。不正确的走路姿势会给身体带来诸多损伤，例如走路脚尖内外八字会影响膝盖方向，最终形成 X 型或 O 型腿；左右负重不一的步行会使两侧躯体肌群发育不同步，严重可导致脊柱侧弯；踢脚尖或垫脚尖走步会影响脚部骨骼受力不均，甚至使小腿肌肉发达形成萝卜腿。

因此，健步走虽说是最为简单的运动项目，但其速度、时间、姿势等方面都有很多需要关注的问题。只有通过正确的方式方法进行锻炼，才能达到相应的运动效果。

四、健身跑的主要技术特点

（一）健身跑的概念

健身跑是一项风靡的项目，它深受人们的喜爱。那么，什么是健身跑呢？

跑可分为两类：以增进健康为目的的跑步和以参加比赛夺优取胜为目的的跑步。以增进健康为目的的跑步称为健身跑，即采用较长时间、慢速度、较远距离的有氧锻炼方法。其技术特点简单、易掌握，男女老少均可参加。该项运动不受场地、器材限制，可在田径场、公路、树林、公园及田间小路等地练习，是我国群众性体育活动中普遍开展的项目之一。

（二）健身跑的主要技术特点

跑步时，步伐轻快富有弹性，脚掌柔和着地，身体重心起伏小，左右晃动少，步幅小，上下肢协调配合，直线性好。

1. 腿部动作

（1）着地缓冲。用脚跟或脚外侧柔和着地并很快滚动到全脚掌，着地点距离身体投影点 20～30 厘米处为宜，脚落地没有明显（扒地）动作，落地瞬间身体重心不要过多下降。

（2）后蹬与前摆。后蹬向前性要好，摆动腿前摆时不要抬得过高，髋部没有明显前送动作。

（3）腾空。要求身体重心腾空不要过高，放松蹬地腿的肌肉，迅速省力地将大腿向前摆出，大小腿应顺惯性自然折叠。

2. 上体姿势与摆臂　上体正直稍前倾，头部自然，眼平视，摆臂以肩为轴，两手半握拳，前后摆动。

3. 呼吸　要和跑步的节奏相吻合，一般是两步一呼、两步一吸；也可三步一呼、三步一吸。呼吸时，要用鼻和半张开嘴（舌尖卷起，微微舔上腭）同时进行。对初练跑步者，呼吸快、慢、深、浅因人而异，可在不感到累的情况下，自然地加深呼吸。

五、健身跑的健身作用

1. 防治心脏病　不同的跑速对心脑血管的刺激是不同的，而健身跑是慢速跑，对心脏的刺激比较温和。长期坚持可以加速血液循环，使冠状动脉有足够的血液供给心肌，从而预防各种心脏病及冠心病。

2. 身材匀称　长期科学地坚持健身跑，可以减少体内多余脂肪，使身体变得匀称、健美。

3. 利于下肢骨的增长　跑步时下肢负荷较大，对下肢的机械压力增强及血液循环得以改善，从而促进下肢骨的增长。

4. 机体得以改善　经常跑步，心肺活动加强，血液循环加快，使得全身各部位骨骼肌肉的血液供应得到改善，有助于身体机能得以改善，精神面貌焕然一新。

知识拓展

1. 在跑步的过程中要注意以下几个方面

（1）步幅要小。动作要均衡，小步幅跑可主动降低肌肉在每跑一步中用力强度，尽可能减缓疲劳程度，延长跑步时间。

（2）跑程要长。跑程长时人体可主动地将当前血液中的血糖全部消耗掉，同时还可消耗掉体内蓄积的多余热量，这种主动消耗，是降低血脂、血糖、缓解血压的最好方法。

（3）要因人而异。这是从事健身跑的重要原则，每个人的体质和病情不同，因此在跑步中一定要结合自身情况进行。

（4）注意科学营养。许多人认为跑步的运动量很大，需大量补充动物蛋白，这是一种误区，慢跑主要是消耗血糖，对蛋白质的需求不大，跑步后补充糖类为宜。

（5）走跑交替进行锻炼。可以先走一段，然后再慢慢跑一段，这样交替进行锻炼，最后慢慢缩短走的时间，加大跑步时间，直至过渡到跑 30 分钟。

（6）做准备活动和整理运动。一定要做准备活动，使身体从相对安静状态逐步过渡到肌肉适度紧张状态，提高中枢神经系统的兴奋性和各器官的活动能力，以适应跑步的需要。可先做摆臂、摆腿、弯腰、转体、下蹲及其他体操动作，特别要注意活动髋、膝、踝关节。全身达到发热，身体感觉轻快，心率达到 85 次/

分钟以上，就可转入跑步。另外，跑步结束后要做整理运动，使人体各器官从运动状态逐步恢复相对安静状态。可先慢走一段距离，再做几节放松操，以及深呼吸等，时间一般为3～5分钟。

2. 特别提醒的是下面这三种情况健身跑时一定要慎重

（1）有急性支气管炎、肺炎、肺气肿，严重肺结核、高血压、心脏病患者暂不要进行慢跑。

（2）没有体育锻炼习惯的中老年人，在参加慢跑锻炼前应做全面的体格检查，锻炼时最好在医务人员、社会体育指导员指导下进行。

（3）跑步时出现下列症状应立即中止活动：心绞痛、胸痛、心跳显著加快、头痛、恶心、脸色苍白、出冷汗，跑步步态不稳等。

六、健身跑的锻炼方法

健身跑的锻炼方法有多种，如短程健身跑、常规健身跑、慢速长跑、变速跑、定时跑、倒退跑、走跑交替健身跑、间歇健身跑等，每个人可根据自己的实际情况，有选择性地进行锻炼，来提高自己的机体水平。

那么，锻炼时如何判断自己的运动强度呢?

运动强度的大小一般可通过心率指标来确定。

计算心率的方法为：首先测每分钟的心率，当锻炼结束后，立即测10秒钟的脉搏数，再乘以6，就得出每分钟的心率。然后计算出与最高心率相对应的百分数。一个人的最高心率等于220减去年龄，据此制定出一个不同年龄、不同心率、不同运动强度对照表。这样，每个健身跑运动者都可以根据自己锻炼后即刻心率数，从下表中查出自己的运动强度了。一般认为，小强度为最高心率的60%～65%，中等强度为70%～75%，大强度为80%～85%。如某人45岁，跑后即刻心率为140次/分钟，那么他的运动强度为70%（见表7-1）。

表7-1　不同年龄、心率和运动强度对照表

强度 心率	年龄						
	8～12岁	13～17岁	18～29岁	30～39岁	40～49岁	50～59岁	60岁以上
100%	195	190	190	185	175	165	155
90%	180	175	175	170	165	155	145
80%	170	165	165	160	150	145	135
70%	160	155	150	145	140	135	130
65%	150	150	140	140	135	130	125
60%	145	140	135	135	130	125	120
55%	140	135	130	130	120	120	115
50%	135	130	125	120	115	110	110
45%	130	125	120	115	110	105	105
40%	125	120	115	110	105	100	100

表7-2　不同年龄组健身跑适宜运动量

组别	年龄（岁）	运动强度（%）	心率（次/分）	练习时间（分钟）
老年	60以上	50～55	110～115	20～30
中年	50～59	50～55	110～120	45～60
中年	40～49	55～60	120～130	45～60
青年	30～39	55～60	130～135	45～60
青年	18～29	60～65	135～140	45～60
少年	13～17	55～60	135～140	45～60
儿童	8～12	50～55	135～140	20～30

第三节 健 美 操

一、健美操的概述

健美操是一项在音乐伴奏下的身体活动，是以有氧练习为基础，以健、力、美为特征的现代体育运动项目。

它是一项源于民众的运动项目，是近几十年来新兴的体育运动项目之一，是体操、舞蹈、音乐三者有机结合的产物。随着世界健美操热的不断升温，人们已经逐渐认识到健美操运动的旺盛生命力，看到了健美操所蕴含的巨大商机，参与锻炼的人也越来越多，使健美操逐渐成为一项有组织的体育运动，促进了健美操运动的普及和竞技水平的提高。

二、健美操的特点

（一）高度的艺术性

健美操运动处处表现出“健、力、美”的特征，这项运动协调、流畅、有弹性，使练习者不仅锻炼了身体，增强了体质，还从中得到了“美”的享受，提高了艺术修养。运动员在比赛中所展现出健美的体魄、高超的技术、流畅的编排、充沛的体力及节奏感极强的音乐，无不给观众留下深刻的印象，充分体现出健美操运动的高度艺术性。

（二）鲜明的节奏感和韵律感

健美操必须在音乐伴奏下进行练习，与艺术体操相比，健美操更强调动作的力度。健美操音乐的特点是节奏强劲有力，风格热烈奔放。健美操音乐多取材于现代音乐和民族乐曲。随着节奏鲜明的音乐起舞，能激发起练习者的情绪，使之不觉疲劳，产生一种轻松愉快的感觉，且能得到美的享受，并能提高练习者的身体协调能力、节奏感、韵律感及表现力。

（三）广泛的适应性

健美操练习内容形式多样，运动量可大可小，对场地器材的要求也不高，因此，对各个年龄段、不同性别、不同身体状况、不同技术水平的人都适宜，各种人群都能从健美操练习中找到适合自己的练习方式，从中得到乐趣。

三、健美操的价值

1. **健身**　增强肌肉和内脏器官的功能，发展人体的灵活性和柔韧性，促进身体正常发育。

2. **健心**　保持和焕发青春活力。健美操动作优美、有力、奔放、自由，有情趣且有表现力，在音乐旋律的协调配合下，给人以轻松欢快之感和积极向上的精神面貌。

3. **健美**　能减去脂肪，增加肌肉。

4. **健脑**　促进脑机能的健康发展。健美锻炼的情感表现极为轻松自如、活泼愉快、充满青春活力，具有一种执着追求的情感色彩。

5. 经过形体、姿态、动作美的锻炼，将美的素质、美的情操、美的心灵体现在现实生活之中的自信和自强心理。使人的举止、言行、处事、气质、风度更为高雅，仪表更为端庄。

四、健美操的分类

根据不同的目的和任务，健美操可分为健身性健美操和竞技性健美操两大类。

健身健美操以增强体质、保持健康为主要目的，音乐速度比较慢，动作比较简单，多以对称形式出现，并有大量重复，具有相对稳定的运动负荷，保证了锻炼的全面性。健身健美操的练习时间可长可短，在练习的要求上也可以根据个体情况而变化，严格遵循健康、安全的原则，在保证安全的基础上，达到锻炼身体的目的，实用性较强，是集健身防病、娱乐欣赏于一体的群众性健身运动，适合各年龄段人群练习。

表 7-3 健美操的分类

健身性健美操			竞技性健美操
徒手健美操	轻器械健美操	特殊场地健美操	
一般性健美操	踏板操	水中操	男子单人
搏击操	哑铃操	动感单车	女子单人
拉丁操	杠铃操	固定器械健美操	混合双人
街舞健身操	橡皮筋操		三人操
瑜伽健身术	健身球操		六人操

竞技健美操是在健身健美操的基础上发展而来的，其主要目的是“竞赛”，因此，在动作的设计上更加多样化，在成套动作中必须展示连续的动作组合、柔韧性、力量与七种基本步法的综合使用并结合难度动作完美地完成，对运动员的体能、技术水平和表现力等方面都提出很高的要求。竞技健美操比赛的项目有男子单人、女子单人、混合双人、三人和六人操。

（一）拉丁健身操

拉丁健身操（图 7-33）来源于国标中的拉丁舞，但绝对不强调基本步伐，更确切地说，它是健身操的一种，强调能量消耗，对动作的细节要求不高，注重运动量和对髋、腰、胸、肩部关节的活动。

拉丁健身操自由随意，热情奔放，节奏明显。它的锻炼侧重点在于腰和髋部，同时使大腿内侧得到充分锻炼。拉丁健身操的另一个特点是在热烈奔放的拉丁音乐中感受南美风情，同时在健身操中增加舞蹈元素，在锻炼之外更可自我享受。

（二）街舞

街舞所用音乐一般为“Hip Hop”或“funk”，发展至今由黑人街头即兴舞蹈演变而来。而现今融入了有氧舞蹈，以明显的节奏搭配，全身上下的自由摆动，有更多的趣味性，一样可以达到减肥

图 7－33　拉丁健身操

瘦身的效果。如可以增进协调性、心肺功能，甚至肌力等，所以目前的专业有氧教练也逐一将 Disco、Jazz 等各类型的舞蹈，加以整合而成，在一堂课里，不断吸收新奇好玩的舞步，又可达到减肥塑身的目的。

运动强度可根据动作的掌握、对音乐的理解自行调节，可作为提高协调性的减脂运动，最重要的是调节心情、缓解压力、追求与众不同的感觉。

（三）搏击操

搏击操（图 7－34）是欧洲的搏击选手与职业健身操运动员推出的。而其具体形式是将拳击、空手道、跆拳道、功夫，甚至一些舞蹈动作混合在一起，并配合强劲的音乐，成为一类风格独特的有氧健身操。

一节完整的搏击操会消耗大量的热量，由于搏击操动作多变，包括如直拳、勾拳、摆拳、正踢、侧踢、侧蹬等搏击动作，而且在做每个动作时要求迅猛，有爆发力，所以在锻炼全身每一块肌肉的同时，身体的弹性、柔韧性及反应速度也将得到前所未有的提高。

尤其是搏击操中的所有动作几乎都要求腰腹保持平衡并发力，所以一节课下来对腰腹部的锻炼超过了任何其他健身方式。

图 7 - 34 搏击操

五、健美操的基本动作

健美操基本动作是健美操运动的基础，是最小单位的元素动作。千姿百态的健美操组合动作都是在基本动作的基础上变化而来的。将健美操基本动作按一定的需要进行不同组合和编排就会产生不同难度、强度、风格及不同视觉效果的动作。只要我们掌握了基本动作及其变化规律，健美操的学习过程就简单多了。

（一）健美操常用手型

健美操手型主要来自于爵士舞、芭蕾舞、西班牙舞、迪斯科、武术等运动形式中的手型。多种手型的运用使健美操手臂动作更加丰富、生动。常用的手型有：

1. 拳型（图 7 - 35）

图 7 - 35 拳 型

2. 掌型 包括并掌、开掌、花掌、立掌等变化形式（图 7 - 36）。

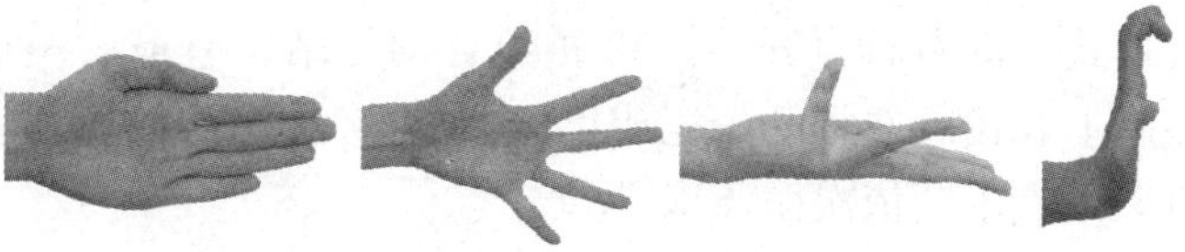

图 7-36　掌　型

（二）健美操常用上肢动作

健美操上肢动作主要包括基本体操的徒手动作、舞蹈动作、手臂的自然摆动、力量练习等。其目的是使动作丰富多彩、更加美观，同时改变动作的强度与难度，增强锻炼效果。常用上肢动作有：

1. 冲拳　屈臂握拳，由腰间猛力冲至某位置。如向前冲拳。

2. 屈臂　上臂固定，肱二头肌收缩使前臂与上臂形成一定角度或角度不断减小。

3. 伸臂　上臂固定，肱三头肌收缩，使前臂与上臂角度不断增大。

4. 屈臂自然摆动　屈肘在体侧自然摆动。可依次进行也可同时进行。

5. 下拉　手臂由上举或侧举拉至身体两侧。

6. 提拉　直臂或屈臂由下举提起，至胸前平屈、前平举或侧平举位置。

7. 胸前推　屈臂立掌，掌根用力，胸大肌和三角肌前束收缩，手臂由肩部向前推至前平举。

8. 肩上推　屈臂立掌，掌根用力，三角肌中束收缩，手臂由肩部向上推至上举。

9. 绕和绕环　以肩关节为轴，手臂在 180°～360°的运动为绕；大于 360°以上的圆周运动为绕环。

六、健美操组合示例

通过组合动作的练习可使练习者了解、掌握健美操基本动作之间的变化规律。组合练习均采用以 32（4×8）拍为基本单位的循环组合形式，即右脚先开始，32 拍组合动作结束时最后一拍动作落在左脚上，接着左脚开始完成反方向的 32 拍组合动作，如此左右脚可以一直不断依次循环练习。

（一）低冲击力组合 32×2×2

1. 组合 A　32×2

表 7-4　低冲击力组合 A 32×2 动作示例及说明

A　1×8	动作说明		
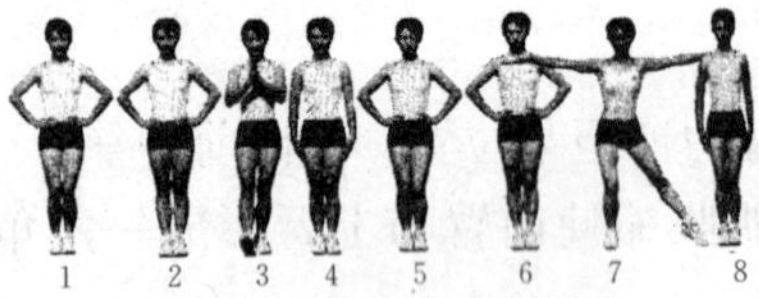	步法	1～4	1～2 原地双膝弹动，3～4 右脚向前勾脚点地 1 次
	步法	5～8	5～6 原地双膝弹动，7～8 左脚侧点地 1 次
	手臂	1～8	膝弹动时，双手叉腰，点地时，双手胸前击掌
	手型	1～8	自然
	面向		1 点
A　2×8 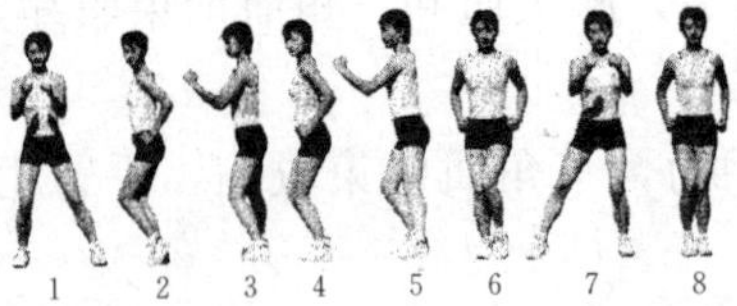	步法	1～4	右、左脚依次做并步，一拍一动，2 拍时右转 90°
	步法	5～8	动作同 1～4，但 6 拍左转 90°
	手臂	1～8	两臂体侧屈肘前后摆动
	手型	1～8	拳
	面向		1 点开始，2 拍时右转向 3 点，6 拍时左转向 1 点

（续）

			动作说明
A　3×8  1　2～3　4　5～7　8	步法	1～4	右脚向右前方走3步，4拍左膝抬起
		5～8	左腿向后退3步，8拍右膝抬起
	手臂	1～4	两臂体侧自然摆动，4拍胸前击掌
		5～8	两臂体侧自然摆动，8拍胸前击掌
	手型	1～8	顺其自然
	面向		1～7向2点，8拍回到1点
A　4×8  1　2　3　4　5～6　7　8	步法	1～4	1～2右脚向侧迈步踏跳1次，同时左腿侧摆，3～4拍左、右踏2步
		5～8	左脚向左连续做侧跨步跳2次
	手臂	1～4	1～2两臂经胸前交叉向外大绕环至体侧，3～4体侧自然摆动
		5～8	侧跨步跳时两臂侧举，6拍两臂胸前平屈，8拍还原
	手型	1～8	1～2掌，掌心向外，3～4拳，5～8掌，掌心向下
	面向		1点

注：第5～8个8拍动作同第1～4个8拍动作，但方向相反。

2. 组合 B　32×2

表 7-5　低冲击力组合 B 32×2 动作示例及说明

<table>
<tr><td rowspan="8">B　1×8
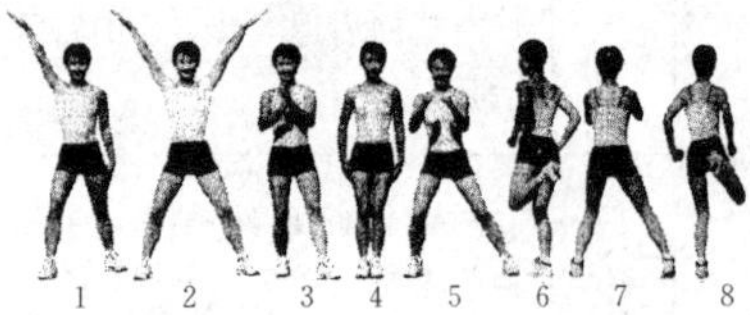</td><td colspan="3">动作说明</td></tr>
<tr><td rowspan="2">步法</td><td>1～4</td><td>右脚 V 形步</td></tr>
<tr><td>5～8</td><td>右、左腿依次做侧步后屈腿，同时向右转 180°</td></tr>
<tr><td rowspan="2">手臂</td><td>1～4</td><td>1 拍右臂侧上举，2 拍左臂侧上举，3 拍击掌，4 拍还原</td></tr>
<tr><td>5～8</td><td>两臂体侧屈肘前后摆动</td></tr>
<tr><td rowspan="2">手型</td><td>1～4</td><td>五指分开、掌心向前</td></tr>
<tr><td>5～8</td><td>拳，拳心向内</td></tr>
<tr><td colspan="2">面向</td><td>1～5 拍向 1 点，6～8 拍向 5 点</td></tr>
<tr><td rowspan="7">B　2×8
</td><td rowspan="2">步法</td><td>1～4</td><td>右脚开始侧交叉步，第 4 拍左腿屈膝</td></tr>
<tr><td>5～8</td><td>左脚做漫步 1 次</td></tr>
<tr><td rowspan="2">手臂</td><td>1～4</td><td>两臂体侧屈肘前后摆动</td></tr>
<tr><td>5～8</td><td>两臂自然前后摆臂</td></tr>
<tr><td>手型</td><td>1～8</td><td>拳</td></tr>
<tr><td colspan="2">面向</td><td>5 点</td></tr>
<tr><td rowspan="6">B　3×8
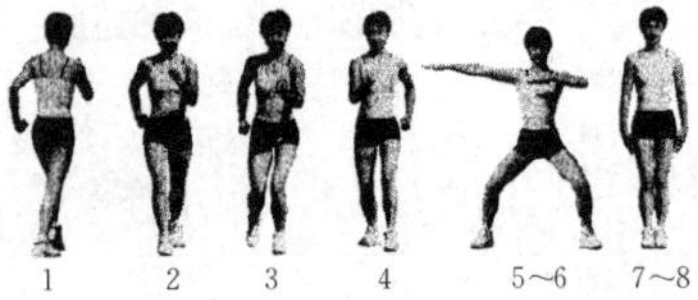</td><td rowspan="2">步法</td><td>1～4</td><td>左脚做漫步转体 180°</td></tr>
<tr><td>5～8</td><td>左腿向侧 1 步成分腿半蹲，还原，两拍一动</td></tr>
<tr><td rowspan="2">手臂</td><td>1～4</td><td>两臂自然前后摆臂</td></tr>
<tr><td>5～8</td><td>左臂胸前平屈，右臂侧平举</td></tr>
<tr><td>手型</td><td>1～8</td><td>拳</td></tr>
<tr><td colspan="2">面向</td><td>5 点开始，第 2 拍向右转至 1 点</td></tr>
</table>

（续）

<table>
<tr><td rowspan="7">B　4×8
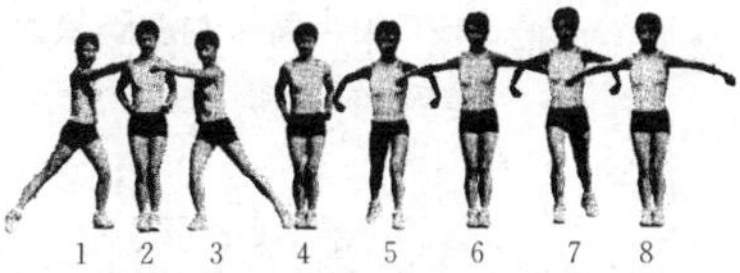</td><td colspan="3">动作说明</td></tr>
<tr><td rowspan="2">步法</td><td>1～4</td><td>右脚开始依次做侧弓步，还原。一拍一动</td></tr>
<tr><td>5～8</td><td>右脚开始依次做后弓步，还原。一拍一动</td></tr>
<tr><td rowspan="2">手臂</td><td>1～4</td><td>左臂开始依次向前冲拳，收于腰间，一拍一动</td></tr>
<tr><td>5～8</td><td>两臂胸前平屈，前臂向外小绕环</td></tr>
<tr><td>手型</td><td>1～8</td><td>拳</td></tr>
<tr><td colspan="2">面向</td><td>1点</td></tr>
</table>

注：第5～8个8拍动作同第1～4个8拍动作，但方向相反。

（二）搏击操组合 32×2×2

1. 组合A　32×2

表7-6　搏击操组合A 32×2动作示例及说明

<table>
<tr><td rowspan="8">A　1×8
</td><td colspan="3">动作说明</td></tr>
<tr><td colspan="2">步法</td><td>保持半蹲</td></tr>
<tr><td rowspan="2">手臂</td><td>1～4</td><td>左臂收于腰间，右臂向左推掌，水平向右摆至侧举，再收腰间</td></tr>
<tr><td>5～8</td><td>两臂向上伸至上举，再经侧向下摆至胸前屈防护姿势</td></tr>
<tr><td rowspan="2">手型</td><td>1～4</td><td>握拳于腰间，右手摆动时为掌</td></tr>
<tr><td>5～8</td><td>5～6拍为掌，7～8拍为拳</td></tr>
<tr><td rowspan="2">面向</td><td>1～4</td><td>上体由侧对前方，逐渐转至正向1点，头部跟随右臂转动</td></tr>
<tr><td>5～8</td><td>身体向1点，稍抬头，目视手臂移动方向</td></tr>
</table>

（续）

			动作说明
A 2×8 	步法	1～4	半蹲
	步法	5～8	5～6 拍半蹲，左右脚依次向左迈步，一拍两动，7～8 拍半蹲
	手臂	1～4	右、左臂轮流勾拳 1 次
	手臂	5～6	两臂胸前屈防护
	手臂	7～8	左臂屈肘向左摆，右臂胸前防护
	手型		拳
	面向	1～6	身体向 1 点，目视 1 点
	面向	7～8	身体向 1 点，头向左转，目视 7 点
A 3×8 	步法	1～4	双脚向右小跳两次
	步法	5～8	右腿侧踢 1 次落成半蹲
	手臂	1～4	左臂胸前防护，右臂向右出拳两次
	手臂	5～6	左臂向右出拳，右臂胸前防护
	手臂	7～8	胸前屈防护
	手型		拳
	躯干		侧踢时上体稍向左倾斜
	面向	1～4	身体向 1 点，头向右转，目视出拳方向
	面向	5	身体向 3 点，目视出拳方向
	面向	6～8	身体向 1 点，头向右转，目视侧踢方向

（续）

A　4×8

1~2　3　4　5　6　7~8

动作说明		
步法	1~2	半蹲
	3~4	左腿提膝1次，并于右腿
	5~6	右腿前踢1次，向前落步
	7~8	以右脚为轴向左转体270°成半蹲
手臂	1~2	两臂胸前屈防护
	3~8	胸前屈防护
手型		拳
躯干		前踢时上体稍后仰
面向	1~6	身体向1点，目视1点
	7~8	身体向3点，目视1点

注：第5~8个8拍动作同第1~4个8拍动作，但方向相反。

2. 组合B　32×2

表7-7　搏击操组合B 32×2动作示例及说明

B　1×8

1　2　3　4　5~6　7~8

动作说明		
步法	1~2	两脚开立，稍屈膝，保持膝关节弹性，2拍上体右转90°
	3~4	左腿站立，右腿提膝，落成半蹲
	5~8	右腿站立，左腿前踢，落成半蹲，两拍一动
手臂	1	右臂向侧出直拳，左臂胸前屈
	2	转身，左臂向前出拳，右臂胸前竖屈
	3~4	两臂屈肘下摆
	5~8	两臂屈肘保护胸部
手型		拳
躯干		前踢时上体稍后仰
面向		开始时身体面向7点，头向1点，目视出拳方向，2~7身体向1点，目视出拳方向，8拍身体向1点，头向右转，目视3点

（续）

B 2×8	动作说明		
	步法	1～4	半蹲，右、左脚依次向右迈步，一拍一动
		5～6	左脚带动踝、膝、髋向右转，然后左转并右脚
		7～8	右腿侧踢1次落成半蹲
	手臂	1～4	右臂屈肘向右顶然后肩侧屈，两拍一动
		5～6	左臂向前出拳1次
		7～8	两臂胸前屈
	手型		拳
	躯干		侧踢时上体稍向左倾
	面向		1～4身体向1点，目视3点，5拍时向3点，目视前方，6～8向1点，侧踢时目视踢腿方向
B 3×8	步法	1～4	左脚开始向左连续并步2次，4拍右腿提膝
		5～6	右脚向前落下，再向前上步
		7～8	以右脚为轴，向右转体180°，成半蹲
	手臂	1～4	右、左臂轮流向前出拳3次，一拍一动，两臂屈肘防护
		5～6	右臂向前直拳、勾拳各1次
		7～8	两臂胸前屈防护
	手型		拳
	面向	1～4	身体正对前方，目视1点
		5～6	身体面对7点，目视1点
		7～8	身体面对2点，目视1点

（续）

<table>
<tr><td rowspan="11">B　4×8

</td><td colspan="3">动作说明</td></tr>
<tr><td rowspan="3">步法</td><td>1~4</td><td>左脚向后一步与右脚平行半蹲站立，左腿提膝1次，然后并于右腿</td></tr>
<tr><td>5~6</td><td>右腿侧踹1次</td></tr>
<tr><td>7~8</td><td>半蹲</td></tr>
<tr><td rowspan="2">手臂</td><td>1~6</td><td>两臂屈肘防护</td></tr>
<tr><td>7~8</td><td>两臂手掌劈至右下方</td></tr>
<tr><td rowspan="2">手型</td><td>1~6</td><td>拳</td></tr>
<tr><td>7~8</td><td>拳</td></tr>
<tr><td colspan="2">躯干</td><td>侧踢时上体稍向左倾斜</td></tr>
<tr><td rowspan="2">面向</td><td>1~4</td><td>身体向1点，目视出拳方向</td></tr>
<tr><td>7~8</td><td>身体向1点，目视右下方</td></tr>
</table>

注：第5~8个8拍动作同第1~4个8拍动作，但方向相反。

七、如何欣赏健美操

欣赏健美操动作主要从动作的编排、动作的完成两方面去欣赏。动作的编排要注意场地、空间的充分利用，难度动作的均衡性、多样性，同时动作的风格要与音乐的风格一致。

动作的完成情况是观众欣赏的主要方面。一套动作完成得好坏，应从动作的力度（健、力、美）体现，动作的协调、灵敏、柔韧、速度、连贯等身体素质几方面去衡量。身材健壮结实，给人以健康的美。如果动作完成得好，观众不仅在情绪上受到感染，还有想亲自上场试一试跟着音乐一起动的欲望。

第四节 广场舞

一、广场舞的概述

舞蹈是历史最悠久的艺术形式。舞蹈早在人类语言还未产生以前，人类就利用舞蹈来交流感情，庆祝胜利。在历史的长河中，人民群众创造了广场舞蹈，发展了广场舞蹈，使这一民间艺术之花深深扎根于广大群众的社会生活之中。广场舞蹈是舞蹈艺术中最大的一个子系统，它集自娱性与表演性为一体，以特殊的表演形式、热情欢快的表演内容深得广大人民喜爱。广场舞源于社会生活，产生在人民群众之中，群众是广场舞的创作者和表演者。中国有多个民族，每一个民族都有自己独特的广场舞形式。

广场舞的功能和表演区域发生重大了变化。从中华人民共和国成立以来，党和政府非常重视民众文化的建设和发展。特别是进入20世纪90年代以后，政府为了丰富群众的体育文化生活，建立了许多文化广场。随着社会的不断进步和发展，广场文化作为一种社会文化现象、广场文化重要表现形式的广场艺术，已经越来越受到人们的关注。广场舞蹈悄然发生了大变化，已经成为大众健身的主要手段，成为居民体育文化建设不可缺少的内容。

二、广场舞的特征

（一）特殊性

广场舞不是在剧场表演，而是在观众当中表演，演员至少有三个面对着观众直接表演，演员和观众能直接交流。鲁迅曾经说过，“美的享受的特殊性，即在直接性，失去了‘直接性’，必然影响损害‘美的享受’”。舞台和观众是一体的，观众和演员打成一片，融为一体，使观众有一种特殊的感受。

（二）集体性

广场舞是群众参与性很强的表演艺术形式。表演方式都以集体舞出现，少则几十人多则几百人，场面红火热闹。广场舞是在广场或其他宽阔场地上表演，表演场地一般都比较宽阔，表演人数不能太少，所以广场舞一般都是以集体舞的形式来表现的。

（三）因陋就简

广场舞是在广场上表演的艺术形式，同时广场舞的表演方式有很大的灵活性，时间可长可短，完全体现主、客观的意愿和需要。广场这个表演环境不可能有很好的布景、舞美来体现很复杂的表现内容，所以广场舞无论是在表现内容上、舞蹈结构上都不能搞得过于复杂，主要依靠饱满的情绪和队形的变化来博得观众的喜爱。

（四）自娱性

自娱性是广场舞的主要特征。民众在参与广场舞时并不要求名利，完全是为了自娱。

（五）自发性

很多市民自发组织跳广场舞，甚至自掏腰包买设备，虽然没有正规的场地，但音响、激光彩灯等设备却一应俱全。在带动下，跳舞的市民越来越多，还有更多的人主动集资添置设备。团队中不少人还主动从网上看视频学习舞蹈，甚至到外地“取经”，学会后教大家，这样一来舞蹈种类也变得越来越多。参与者敬佩义务教群众跳舞的人，为了集体健康和娱乐活动，他们不计报酬，负责带音响设备的几乎不会缺席，带动了市民甚至是一个城市的舞动。

三、广场舞的作用

（一）健体

广场舞具有体育锻炼的价值，经常进行排舞练习，心血管和呼吸系统都能得到良好的锻炼，改善心肺功能，加速新陈代谢过程，促进消化，消除大脑疲劳和精神紧张，从而达到增强体质，增进健康，延缓衰退，提高人体的活动能力等良好的健身作用。

（二）健心

从心理学的角度来分析，人的注意力是心理活动对一定对象的指向和集中，也就是说注意是受指向制约的，在翩翩起舞的过程中，其注意力必然都集中在欣赏优雅的舞曲音乐，并沿着节奏将内心情感抒发在舞姿上，由于注意力的转移，就能使身体其他部分的机能得到调整和充分休息，所以参加排舞这项运动能消除紧张的情绪和缓解压力，练习者在优美动听的音乐、美妙的舞姿中，消除疲劳、陶冶心灵，感受到愉快的情绪，从而达到最佳的心理状态。

（三）降脂减肥

广场舞是现在活跃在各个城市中的一道靓丽风景，也是都市人很喜欢的一种健身减肥的舞蹈，所以广场舞中也有一种舞蹈叫做瘦身舞。

跳舞其实也是一种运动，运动减肥不仅可最快、最有效地达到减肥目的，同时可以增强体质，提高身体免疫力，不少朋友通过瘦身舞参与运动减肥，并达到了意想不到的减肥效果。

（四）健脑

记忆，就是过去的经验在人脑中的反映。它包括识记、保持、再现和回忆四个基本过程。其形式有形象记忆、概念记忆、逻辑记忆、情绪记忆、运动记忆等。在排舞的练习过程中不仅要运用形象记忆、概念记忆，而且还要运用情绪记忆和运动记忆，而随着年龄的不断增长，记忆力会以很慢的速度减退，这是自然规律，也是正常现象。通过排舞练习以及对大脑神经的不断刺激，来减缓记忆力减退的生理现象，达到良好的健脑效果。

（五）健美

广场舞的练习是在优美动听的音乐旋律中，用心灵共舞，把细腻的情感注入舞姿中，并以高超的舞蹈技艺形神一致地表现出各种动与静的姿态，塑造出各种美妙的意境组合，体现出美的姿态、美的造型，创设出体育与艺术、健与力高度结合的意境，给人们艺术熏陶和美的享受。因此，广场舞练习对形态、姿态、健康等方面都有较高的要求，经常参加排舞练习是一项很好的形体训练，提高人体的协调能力，强健身体的各个部位的肌肉群，以及增加骨骼的骨密度，具有十分积极的健美作用。

四、广场舞的常用术语

广场舞作为舞蹈的一种，在学习和应用中沿袭了舞蹈动作的一些基本术语，主要有以下几种：

（一）基训

指对舞蹈演员或学员基本能力的训练。如发展身体各部分肌肉的能力，训练关节的柔软性，控制身体活动的能力、灵活性和稳定性以及跳、转、翻等各种技巧；使学员身体运动更符合舞蹈规律的要求，以适应各种类型动作和高难技巧的需要；同时，为随时扮演各种舞蹈人物形象做好准备。基本训练，对学员体力的保持也有益处。

（二）主力腿

指动作过程中，或者形成姿态时，支撑身体重心的一条腿，称主力腿。它与动力腿的配合，对身体平衡以及动作、姿态的优美有着重要作用。

（三）动力腿

指与主力腿相对而言，非重心支撑的一腿为动力腿，可做各种屈伸、摆动等动作。

（四）起泛儿

是舞蹈俗语，指动作前的准备姿势，技巧前的准备动作，都称作“起泛儿”，也叫“起势”。

（五）法儿

指舞蹈时是否得法，即动作是否符合规律，是否有韵味。在品评舞蹈者的动作是否得法时，常用“有法儿，没法儿”来加以褒贬。

（六）节奏

指音响活动的轻重缓急形成节奏。节奏为音乐旋律的骨干，乐曲结构的基本因素。节奏也是舞蹈动作的基本要素之一，其中节拍的强弱或长短，交替出现而合乎一定的规律，一切舞蹈动作均在一定的节奏下进行。

（七）韵律

指在舞蹈动作中，人体运动的自然规律造成欲左失右，放纵先收，以及动与静、上与下、高与低、长与短等辩证的规律，形成了舞蹈动作的韵律。韵律在舞蹈中享有重要地位，是较难学握的一种动作因素。

（八）身段

舞者在舞台表演或训练中，各种舞蹈的形体动作的统称。从最简单的比拟手势到复杂的武打技巧，如：坐、卧、行、走、甩袖、亮相等都称为身段。

五、广场舞的练习方法

在学习广场舞的过程中我们常常根据一套动作的难易、学习全套动作的安排、舞蹈者的舞蹈水平及掌握动作的熟练程度和不同的人对不同歌曲的了解等情况，常常采用有以下练习方法：

（一）分节练习法

所谓分节练习法就是对每节动作分别练习。这种方法的应用常在新学一套动作、成套动作不熟练及动作变化较复杂的情况下采用，对一整首歌曲分节学习达到整体熟练应用的目的。

（二）分段练习法

分段练习法和分节练习法类似。也是将全套广场舞动作分成几段，每次专门练习一段广场舞的各节动作，最后将各段连接起来练习为成套动作。常为分段熟记和提高广场舞动作质量和神态时采用。每段广场舞练习又可采用分节和连续练习方法。

（三）累积练习法

累积练习法即从广场舞第一节开始，本节先单独练习一次，接着与前面的节数连起来练一次，依次练完整套广场舞动作。常为提高全套广场舞动作连接和熟记动作时采用。在返练前面节数时，又可采用分节和连续练习方法。

（四）连续练习法

所谓连续练习法即全套广场健身舞动作从开始至最后一节不停

地连续完成。常在对广场舞动作较熟练和加大身体负荷时采用，有比较大的运动强度。

（五）断连练习法

断连练习法即在全套广场舞动作连续完成过程中，其中某一、两节动作暂停采用分节练习。常在全套广场舞动作基本熟悉、个别节的动作掌握不好时采用，以强化某节练习，从而达到能独立完成整个广场舞动作的目的。

（六）重复练习法

所谓重复练习法即每节动作先练二八拍后进行纠正，接着再重复练习二八拍。常在广场舞学习新动作或较复杂广场舞动作时采用。

（七）对称练习法

对称练习法即一节广场舞动作中，按左右路或前后排，在动作方向、部位、方法等方面相对称地练习。常在动作熟练时，为提高练习难度、兴趣及配合能力而采用，对称方法可采用面对、侧对、背对、起伏、转动、移动等来做，这种方法主要是提高整个广场舞的协调性和观赏性。

六、广场舞组合示例（介绍一个简单的十六步）

广场舞十六步速度居中，初学也很容易学会。跳法如下（图 7－37）：

准备动作：首先双脚并立。

（1）左脚向左 1 步。

（2）右脚并向左脚。

（3）左脚向左 1 步，站稳后作为后 3 步的重心。

（4）右脚退至左脚的后方靠右。

（5）右脚向前 1 步放下。

（6）右脚向后 1 小步接触地面但不要放下。

（7）右脚收回向右旋转 90°。

（8）身体向右旋转 90°，左脚移至右脚的左边 1 步的位置，脚尖点地。

（9）左脚向前放在右脚正前方，站稳作为下一步的位置。

（10）右脚移至左脚右边 1 步的位置，脚尖点地。

（11）右脚先前走放在左脚的正前方。

（12）左脚向左移一小步，放在右脚的后方靠左的位置。

（13）右脚向右放在左脚靠右 1 步的位置。

（14）左脚并向右脚。

（15）右脚向右走 1 步。

（16）左脚并向右脚。

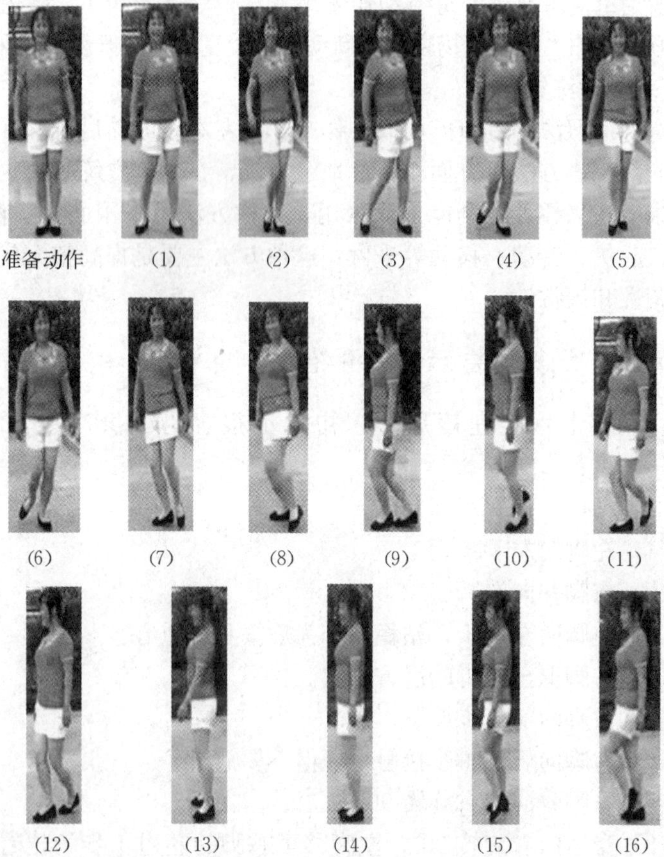

图 7-37　广场舞十六步跳法

注意：此时并脚的位置和第一步之前的位置形成一个 90°的角，以当前的位置继续第一步的循环。每四轮的并步刚好组成一个正方形。

七、广场舞的培训

广场舞是深受人民群众欢迎的群体性健身运动，习近平总书记曾指出“没有全民健康。就没有全面小康”，我国政府对广场舞活动高度重视，近年来，中国农民体协以广场舞（健身操舞）为载体，大力推广普及科学的健身项目。2018 年初，推出了第二套“健在乡村、舞在乡村、美在乡村”的健身广场舞。

为了更好地在农村推广普及广场舞，2018 年 3 月 27～30 日，全国农民广场舞（健身操舞）教练员、裁判员培训班在京举办，本次培训班学员来自农业企业、专业合作社、现代农业园区等新型经营主体的农民体育骨干，农村实用人才带头人培训基地体育骨干和新型职业农民培训基地体育骨干，以及基层乡村和农业行业协会体育骨干，为使体育健身向贫困地区倾斜，培训班上还特意安排了对口扶贫的河北省平泉市、青海省互助县和四川省甘孜、阿坝藏族地区的农牧民体育骨干参加培训，积极推进体育健身项目扶贫。这些来自全国的百名优秀学员参加了为期 4 天的理论与技能培训。

共有 5 支广场舞曲目，其中既有欢快的歌颂幸福生活的《喜乐年华》，也有充满正能量、引领新生活的《点赞新时代》，还有集农业特色与健身于一身的《张灯结彩》等，在本次培训班上进行教学推广。

在全面建成小康社会和推进健康中国建设的进程中，中国农民体协担负着组织指导 5 亿多农民群众体育健身的责任。近几年，全国农民体协认真开展农民体育健身指导员、教练员、裁判员培训班，也多次和有关部门和专业公司进行密切合作，先后编创了两套深受农民群众欢迎的广场舞（健身操舞），2017 年还组织举办了全国农民广场舞（健身操舞）大赛，取得了很好的社会效果。

杭大鹏勉励学员们要热爱“三农”事业、喜欢体育健身活动，在农村社会文化体育发展和建设中贡献自己的能力和才华。希望学员们回去以后，要进一步加强学习，增强做好农民体育健身工作的责任感，积极发挥带头人、辅导员、教练员的作用，带动更多的农民群众开展体育健身活动，宣传党的“三农”政策。

西安体育学院艺术系教授匡小红、南京天团健身有限公司创始人兼 CEO 王广成为本次培训班授课。

但值得提醒的是，随着我国广场舞活动的发展和普及，出现了广场舞扰民等问题，各地政府也要积极做好沟通和协调，保证广场舞活动的健康有序发展。

第五节　游　泳

一、游泳运动的概述

游泳是在水里凭借自身肢体动作和与水的相互作用而运动的技能活动。游泳是一项很有锻炼价值和实用价值的运动，经常游泳，可以增强内脏器官的功能，特别是呼吸系统的功能。游泳还能增强机体适应外界环境变化的能力，抵抗寒冷，预防疾病。同时对塑造健美的体型，提高身体素质和身体各关节的灵活性、协调性都有好处。

1896 年，第一届现代奥运会将游泳列为比赛项目之一，当时共有 3 项游泳比赛。1908 年，国际游泳联合会（FINA）成立，并制定了游泳的比赛规则。目前国际重大的游泳运动赛事主要有奥运会游泳比赛、世界游泳锦标赛和世界杯短池游泳赛。

二、游泳运动的分类

游泳运动大致分为实用游泳、竞技游泳和花样游泳三大类。军事上、生产上、生活服务上实用价值较大的游泳方式称为实用游泳。例如，水上救护、武装泅渡和踩水等。有特定技术要求，按游泳竞赛规则进行竞赛，以速度决定名次的游泳项目称为竞技游泳。根据比赛场地不同，竞技游泳又可分为游泳池比赛和公开水域比赛两大类。其中游泳池比赛主要有：蛙泳、仰泳、蝶泳、自由泳、个人混合泳（包括蛙泳、仰泳、蝶泳、自由泳四种泳姿）和接力游泳（分为混合泳和自由泳）。花样游泳是集舞蹈、体操、游泳等运动于一体的竞技体育项目，它对运动员的身材、泳装、头饰、音乐、动作编排等均有较高要求，故又称为“艺术游泳”。花样游泳有单人花样游泳、双人花样游泳和团体花样游泳三大具体项目。由于它是通过运动员的肢体在水面上的运动配合音乐，展现出各种优美动作和造型，带给观众美的享受，因此有“水上芭蕾”之称。另外，以增强体质为宗旨，丰富人们文化生活为目的，称为大众游泳。

图 7 - 38　花样游泳

三、游泳运动的特点及价值

（一）游泳运动的特点

1. 运动环境的变化　人的运动环境转至水中后，由于水对人体的阻力较大，使得人在水中活动更加吃力。一方面人体的比重较水的略轻，故人在水中会觉得晃晃悠悠站不稳；另一方面，水对人的内脏有较大压力，因此人在水中会感觉呼吸不如在陆地上顺畅。

2. 人体的姿态的改变　人在陆地上的运动姿态以直立为主，而游泳时则须采用俯卧、仰卧或侧卧等姿态漂浮于水面。

3. 呼吸方法变化 人在游泳时，由陆地上的嘴、鼻自由呼吸改为在水中严格按照用嘴吸气，用嘴、鼻呼气的呼吸方法进行呼吸，同时呼吸节奏还须与动作协调配合。

4. 安全问题突出 由于学习和练习游泳过程中可能出现呛水、喝水或肌肉痉挛等突发状况，因此应特别注意安全，下水前和练习时均应做好安全保护措施。

（二）游泳运动的价值

1. 提高和改善人体心血管系统机能、增强呼吸系统功能 游泳时，水的压力和阻力作用于心脏和血液的循环，可使心房和心室的肌肉组织得到加强，心腔容量逐渐有所加大，心脏跳动次数减少，血液循环系统得到改善，血管的弹性亦有所提高。水的压力还迫使呼吸肌增加收缩力以维持人在水中的呼吸，可增加呼吸肌的收缩力，加大肺活量，增强呼吸系统功能。

2. 促进皮肤的血液循环更加通畅 游泳时由于水温的刺激，人体为了保持身体的恒温，皮肤血管参与调节，冷水的刺激使皮肤血管收缩，以防止热量扩散至体外；同时，身体加紧产生热量令皮肤血管扩张，改善对皮肤血管的供血。长期将游泳作为锻炼手段可使皮肤的血液循环得到加强。

3. 促进新陈代谢，有塑身功效 游泳时身体直接浸泡于水中，水的散热速度快，因而消耗热量多，会令许多想塑身的人取得事半功倍的效果。

4. 可以避免下肢和腰部运动性损伤 游泳时人体处于仰卧、俯卧或侧卧状态，身体重量有相当一部分被水的浮力所承受，下肢和腰部会轻松很多，关节和骨骼损伤的危险性大大降低，可较大程度避免下肢和腰部的运动性损伤。

四、熟悉水性练习

熟悉水性是学会游泳的必经之路。对水性的感悟，是掌握游泳技能的前提。只有能够自如地在水中掌握平衡并指挥自我肢体的运动，才能够有效地学习游泳技能，并在一定条件下维护自身的安全。所以，熟悉水性是对初学游泳者必不可少的第一步。

熟悉水性的内容主要包括：水中行走、跳跃、呼吸、水中睁眼、漂浮等。

（一）水中行走练习

水中行走、跳跃水中行走、跳跃是大多数游泳初学者在下水后的第一个练习，其目的是让初学者体会水的阻力、压力和浮力，并初步学会在水中维持身体的平衡。具体的练习方法有：

（1）两手扶住池（岸）边或同伴的手，先在浅水区行走，再至水稍深区域行走。

（2）一手扶住池（岸）边或同伴的手，另一手于体前侧做向外、向后划水，同时在水中行走。

（3）不借助任何支撑物，两臂在胸前做向外、向后的对称划水，在水中做向前、向侧和向后的行走。

（4）两手扶住池（岸）边或同伴的手，两脚蹬池底，向上跳起。

（5）不借助任何支撑物，于水中站立后，两臂平放于水中向下压水，两脚蹬池底，向上跳起。

注意：练习水中行走、跳跃时水不宜过深，深度齐腰或齐胸即可，以免发生危险。

（二）呼吸练习

游泳呼吸具体的练习方法有：

1. 陆上呼吸模仿练习　两手叉腰自然站立，做吸气—憋气—呼气的练习。吸气时应张大嘴，快而深地吸气；憋气要自然；呼气用嘴、鼻均匀地呼。

2. 水中呼吸练习　扶住池（岸）边或同伴的手，开始可脸部没水，之后过渡到头部没水，注意掌握呼吸的时机。可由单个呼吸过渡到连续呼吸。

（三）漂浮练习

漂浮练习是为了使初学者体会水的浮力，控制身体平衡和水中呼吸方法，进一步消除“怕水”的心理。具体的练习方法有：

1. 抱膝浮体练习（图 7－39）　在水中原地站立，深吸气后闭气，下蹲低头抱膝团身，用前脚掌轻轻蹬离池底，自然漂浮于水中；站立时松手，两臂前伸下压，抬头，同时两腿下伸，脚触池底站立，然后两臂侧身拨水以维持身体平衡。

图 7-39　抱膝浮体练习

2. 展体漂浮练习（图 7-40）　在抱膝浮体练习的基础上，闭气松手，两臂两腿自然伸直；站立时收腹、屈膝、收腿，两腿向下伸，脚触池底站立。以上动作熟练后可做仰卧漂浮练习。

图 7-40　展体漂浮练习

五、蛙泳的基本技术

蛙泳是一种模仿青蛙游泳动作的一种游泳姿势，身体俯卧在水中，依靠两臂对称向后划水，两腿向后对称蹬夹水而向前游进的姿势。蛙泳较省力，易持久，实用价值大，常用于渔猎、泅渡、救护和水上搬运等。由于蛙泳的蹬腿动作和划水动作能使人在身体保持直立的本能姿势时还不会下沉，同时其呼吸方法也较易掌握，故游泳初学者多从学习蛙泳人手。

（一）技术动作要领

1. 身体呈平卧姿势，眼看池底，头部置于两臂之间，两臂伸直，手指并拢，掌心向下，两腿伸直并拢，整个身体呈流线型姿势；结束后肩部升起，身体与水平面约成45°角（图7-41）。

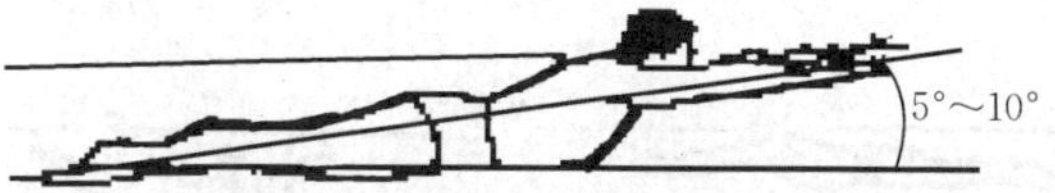

图7-41　身体与水平面约成45°角

2. 蛙泳腿部技术　腿脚收缩，后脚跟尽量靠向臀部，收腿结束准备进行翻掌时双膝间距须小于双踝间距，脚掌翻掌后小腿内侧和脚掌内侧对水向后用力蹬夹腿，将腿伸直，蹬腿结束后，腿处于略低的位置，脚距离水面30～40厘米，这时随着蹬水的推力练习者向前滑行会较快（图7-42）。

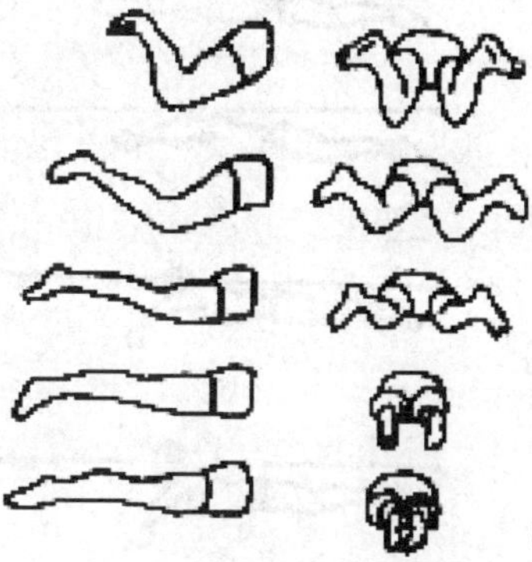

图7-42　蛙泳腿部技术

3. 蛙泳手臂技术　双手向前伸展，手掌倾斜约45°（小指朝上），双手同时向外、后方划，接着曲臂向后、下方划；之后掌心由外转向内，手带动前臂加速内划，手由下向上并在胸前并拢（手高肘低、肘在肩下），前伸，肘关节伸直。注意：外划是放松的，内划应用力，加速完成，手臂前伸要积极。

4. 蛙泳配合技术　腿部技术和手臂技术的配合为划一次手，蹬一次腿，划手时收腿收脚，伸手时腿脚用力向后蹬，双手外划时抬头换气，双手内划时收腿低头稍憋气，双手前伸过头时蹬腿吐气。在蛙泳的游进过程中，一般是一个动作周期呼吸一次。在呼吸时注意在抬头吸气前，必须将体内的废气全部吐完后，才能吸进新鲜氧气。

蛙泳的示意图（图 7－43）：

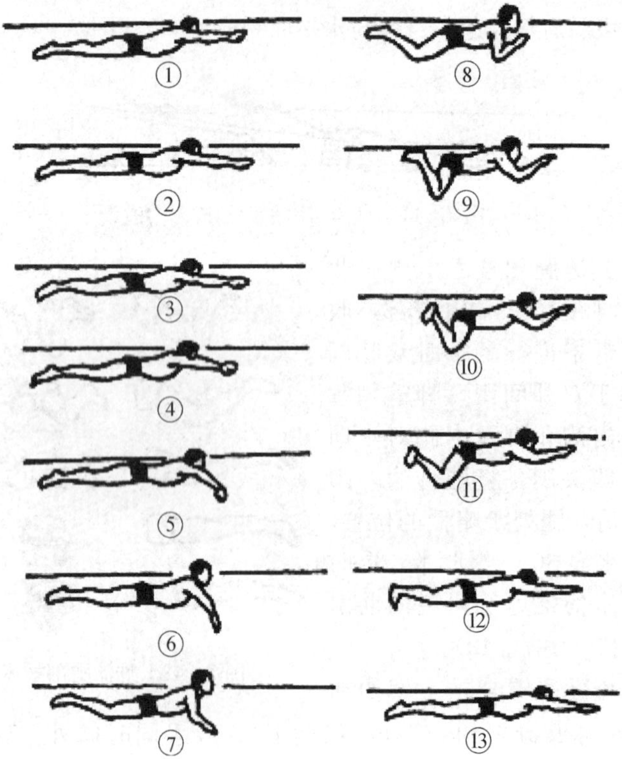

图 7－43　蛙泳腿与手臂配合技术

（二）常用练习方法及错误纠正

1. 陆上模仿练习

（1）坐撑模仿蛙泳腿部动作（图 7－44）。坐在板凳或池（岸）边，上体稍后仰，两手撑于体后侧，两腿伸直并拢，髋关节外开，身体成一直线，做蛙泳腿部的收（腿）、翻（脚）、蹬夹（水）和停的动作。

（2）俯卧模仿蛙泳腿部动作（图 7－45）。将大腿的上 1/3 处贴近板凳或池（岸）边成俯卧，这样既省力又能控制大腿收缩幅度。两腿伸直并拢，髋关节外开，身体成一直线，做蛙泳腿部的收（腿）、翻（脚）、蹬夹（水）和停的动作。

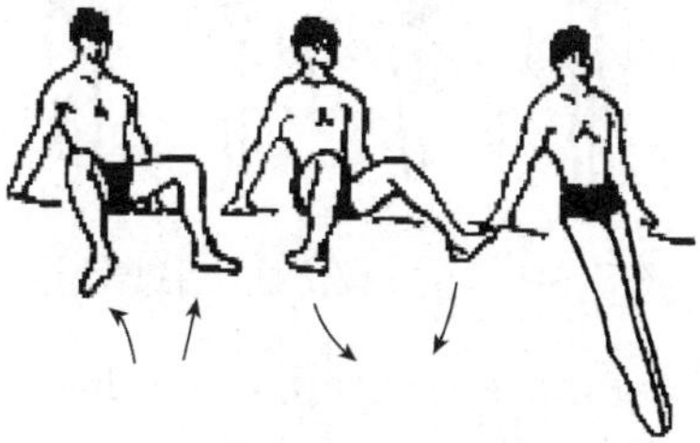

图 7－44　坐撑模仿蛙泳腿部动作

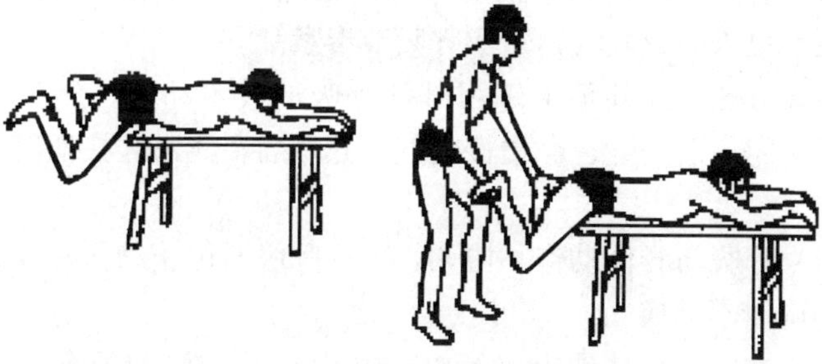

图 7－45　俯卧模仿蛙泳腿部动作

（3）直立模仿蛙泳手臂动作（图 7－46）。站于池（岸）边，上体略前倾，手臂先前伸，再向后下划水，最后屈肘前伸，做蛙泳手臂的划水动作。熟练后可配合呼吸练习一起做。

2. 水中练习

（1）腿部练习。身体俯卧，手靠池（岸）边，将身体漂浮于水面上，做蛙泳呼吸和腿部的配合练习。

（2）扶打水板蛙泳腿部练习。手持打水板，身体俯卧，抬头，在水中做蛙泳的腿部练习。

（3）手臂与腿部动作配合练习。待腿部动作熟练后，可配合手臂动作在水中进行配合练习。

图 7-46　直立模仿蛙泳手臂动作

注意：在水中练习蛙泳的过程中，手臂应尽量伸直，头部下压入水，否则腿部可能会下沉，从而影响练习的效果。

3. 蛙泳易犯错误及纠正方法

（1）脸部不能入水，抬着头游，常呛水或喝水；或者吸气不足，在水里未完成吐气，造成呼吸节奏紊乱。

纠正方法：在陆地上练习蛙泳呼吸的技术动作，抬头用嘴吸气，低头闭气后用嘴、鼻慢慢吐气，熟练后在浅水区扶池壁做呼吸练习。

（2）呼吸与身体动作不协调，要么呼吸时停止动作，要么身体动作协调但不会换气。

纠正方法：在陆地上进行蛙式呼吸与肢体协调配合的重复练习，熟练后下水进行完整动作练习。

（3）收腿时臀部上翘，翻脚掌动作不到位，收腿节奏紊乱。

纠正方法：在陆地上坐撑和俯卧练习蛙泳的腿部技术动作，熟练后下水扶池边练习蛙泳的腿部动作，水中滑行做蛙泳连续蹬腿练习，扶打水板滑行做蛙泳连续蹬腿练习。

（4）手臂动作前伸时伸直不足，两臂之间有夹角。

纠正方法：在陆地上进行手臂动作的完整模仿练习，熟练后站于浅水区（水深齐腰）做手臂动作的完整模仿练习，最后下水做蹬壁滑行练习。

（5）蛙泳抓水动作完成过早，抓水角度不够；划水用力过早，无手臂的内旋与稍勾手腕的动作。

纠正方法：在水中进行双腿夹板，手臂做抓水动作练习，体会动作要点；在陆地上和水中反复做“连接式”配合的模仿练习，推水结束时，借水的反作用力顺势提臂移臂。

（6）头部抬起过高或过低，使身体在水中无法达到静力性平衡。

纠正方法：扶池壁多练习闭气，进行展体漂浮练习。

（7）手臂动作与腿部动作不协调。

纠正方法：在陆地上多做手臂与腿部协调配合的完整练习，熟练后下水进行完整练习。

六、游泳安全卫生和救护

（一）游泳的安全卫生

1. 游泳前进食

（1）进食时间在游泳前1小时左右，选择体积小、易消化和能量高的食物，如巧克力、奶酪和面包等。游泳后的进食原则：选择易消化的食物，如蔬菜等，但不能过量。

（2）及时补充水和能量游泳时会出汗，能量流失也比较快，故而游泳时也要注意随时补水和补充能量。

2. 游泳前准备活动　准备活动可以改善身体各个器官系统的状态，体感神经系统的兴奋性和灵活性，有利于身体更快地适应游泳活动的需要以及对预防肌肉抽筋和拉伤有一定作用。

3. 避免在酒后游泳　酒精容易使人的反应能力和判断能力下降，影响神经系统的正常功能，酒后游泳容易发生溺亡事故，因此应尽量避免在酒后游泳。

4. 合理安排游泳的运动量　游泳时间的长短，应根据身体情况、水温、气温以及从事游泳锻炼的水平来控制，一般每次1～1.5小时较为合适。另外还要考虑游泳的总时间、强度、密度等情况。

5. 游泳后的卫生　游泳后及时淋浴冲洗身体，再用软质毛巾将身体擦干，必要时可用棉花或者卫生纸吸水，以防止耳疾、眼疾和鼻部的疾病。

（二）水中救护

救护一般分为自救、间接救护和直接救护。

1. 自救

（1）手指抽筋时，将手握拳，然后用力分开，这样迅速反复做几次，直到抽筋消失。

（2）小腿或脚趾抽筋时，先深吸一口气，团身使身体上浮，用抽筋腿异侧手握住抽筋腿的脚趾，用力向身体方向拉，同时用同侧手掌压在抽筋腿的膝盖上，帮助抽筋腿伸直（图 7－47）。

图 7－47　抽筋自救

（3）呼吸时如果呛水，首先要镇静，立即改用踩水姿势，排除呛水，恢复正常游进。

（4）遇到漩涡时，首先要镇静，使身体保持平卧姿势，以增大身体半径，逆漩涡方向用爬泳快速游出险区。

（5）遇到水草缠住手脚时，要冷静，不要乱蹬乱踩，先深吸一口气，慢慢解脱后，改用爬泳游出水草区。

2. 间接救护　救护者可以利用主干、浮球、救生圈、救生衣、木板等进行救护。在水中救护时，凡是能利用救护器材的，要尽可能利用，这样既胜利又安全迅速，效果好。

3. 直接救护　直接救护是救护者不借助任何救生器材，徒手对溺水者旋救的一种技术。直接救护技术由入水、接近溺水者、解脱、拖带、出水护送和岸上现场急救等部分组成。直接救护技术是游泳救生员必须掌握的，是游泳救护中最重要的环节。

第八章

体育健身中常见运动损伤与处理

第一节　运动损伤概述

一、运动损伤的涵义

体育活动是需要身体直接参与的具有一定强度的活动，运动中身体各器官、组织的负荷均超出平常，而身体的生理结构和功能超出了一定程度，就会造成身体损伤。在运动中造成的损伤就叫运动损伤。

二、运动损伤的原因及预防

影响运动损伤发生的原因是多方面的，任何一个环节的缺失都可能造成损伤。一旦发生损伤，如果能迅速而正确的采取措施进行处理，可以有效减轻患者痛苦和预防并发症，为下一步治疗创造有利条件，甚至可以挽救生命。

（一）运动损伤的分类

1. 按组织结构

（1）皮肤、肌肉、肌腱、韧带损伤。

（2）关节软骨损伤。

（3）骨组织损伤。

（4）骨骼损伤。

（5）神经和血管损伤。

（6）关节滑囊、滑膜损伤。

2. 按受伤的表现形式

（1）开放性损伤。皮肤、黏膜和纤维等的完整性遭到破坏，伤口在皮肤表面并与外界相通，有感染的可能，如擦伤、撕裂伤、开放性骨折等。

（2）闭合性损伤。皮肤表面黏膜仍保持完整形状，无外部裂隙，无血液外溢，形成内出血，不与外界相通。如挫伤、扭伤、肌肉和韧带拉伤、闭合性骨折、关节脱臼、内脏震伤等。

3. 按损伤的性质

（1）急性损伤。在运动中直接或间接一次性致伤。

（2）慢性损伤。即陈旧伤和劳损伤。陈旧伤是急性损伤后没有痊愈，或处理不当而反复发作，并且不宜康复；劳损伤是由于负荷较重，运动方法不合理，造成长时间局部负担过重，形成积劳成伤。

（二）运动时为何会损伤

1. 肌肉韧带拉伤　平时在练习时不认真，身体条件差，尤其是肌肉、肌腱和关节的辅助结构薄弱，关节的稳定性、灵活性较差，动作既不协调也不合理，大脑的反应和保护能力差，一旦突然参加剧烈运动和长时间运动就容易受伤。

2. 外因　准备活动不充分、场地凹凸不平、器材陈旧、维护不当；温过高或过低、大雾或潮湿，专业水平不够等造成损伤。

3. 关节扭伤　技术掌握不好、协调性差，关节周围肌肉力量小、生理结构不佳、疲劳产生体力差。

4. 心力交瘁　人发冷，多汗、脸色白或红、头痛、晕、虚、筋疲力尽。

5. 运动疲劳　心悸、心动过速，运动后血压、脉搏恢复慢，内脏不适、血尿等。

6. 违反运动安全原则　不做充分的准备活动，直接进入剧烈运动，容易受伤；带着伤病继续参与剧烈运动容易受伤；运动量大，疲劳得不到消除，容易受伤；违反循序渐进的生理原则，不懂运动技术的规律，急于求成，容易受伤；不注意全面发展身体素质容易受伤。

7. 思想和心理因素　安全意识不强，在运动中动作粗野，注意力不集中，情绪不稳定，赌气斗狠等，容易受伤。

三、运动损伤的预防原则

1. 经常参加锻炼，全面提高身体素质，防止运动损伤的发生。

2. 合理安排运动负荷，要循序渐进，不能凭兴趣随意增加运动量和强度。

3. 遵守运动安全原则，准备活动充分，掌握好运动项目的规律，注意休息恢复。

4. 保持乐观心情，不赌气斗狠，正确面对胜负，乐观开朗。

5. 学习安全知识，加强安全意识，损伤往往是出于无知和麻痹。

四、运动损伤的预防措施

1. 认真做好运动前的准备活动　运动很容易造成肌肉、关节和韧带损伤，尤其下肢受伤的机会更多。唯一办法是赛前的准备活动。准备活动越充分越不容易受伤。可在慢跑的基础上对肩关节、肘关节、背腰肌肉、腿膝踝关节等部位进行活动，强化肌肉韧带的力量，提高机体的灵敏性和协调性，从而防止受伤，就可提高运动成绩。

2. 要正确掌握各种运动的动作要领　运动的动作要领是根据身体各部分的机理特征科学总结出来的，违背了动作要领，采取一些不宜的违背科学的动作，就有可能造成身体部位的损伤。在运动或比赛中应根据动作要领，切不可盲目随意，自行其是。

3. 做好场地设备的检查，加强安全防护　运动或比赛之前，应对场地设施进行认真检查，运动或比赛时，在各个环节配置人员做好互相防护。

第二节　常见运动损伤

在运动中造成的损伤就叫运动损伤。影响运动损伤发生的原因是多方面的，任何一个环节的缺失都可能造成损伤。一旦发生损伤，如果能迅速而正确的采取措施进行处理，可以有效减轻患者痛苦和预防并发症，为下一步治疗创造有利条件。

一、常见的运动损伤

（一）出血

1. 诊断　在运动损伤中，常常会伴有血管破裂导致的出血，如擦伤、刺伤、拉伤以及骨折等，出血量过多不仅会影响恢复和健康，甚至危及生命，因此，在处理出血的损伤时，首先判断出血的种类，并采取合理的方法、步骤。

出血的种类和特征（表 8－1）：

表 8－1　出血的种类和特征

受伤的血管	动脉血管出血	血色鲜红，呈喷射状，速度快，量多，危险性大
	静脉血管出血	血色暗红，缓慢流出，危险性小于动脉血管出血
	毛细血管出血	血色红，缓慢渗出，自行凝固，无太大危险
出血的流向	外出血	表面有伤口，血液流出伤口，易被发现
	内出血	无伤口，血液流向组织间隙，不易被发现，危险性大

2. 处理方法　要根据出血部位和出血特征采取不同的止血方法。如：抬高肢体法、加压包扎法，用于四肢静脉及毛细血管止血；加垫屈肢法，用于前臂、手和小腿出血；间接止血法，即用手指将出血部位浅部的动脉血管直接按压在相应的肢体硬面上，暂时减少动脉供血。包扎是为了保护伤口，压迫止血，支持伤肢。包扎的常用用具一般为绷带和三角巾，方法有环行包扎法、螺旋型包扎法、“8”字形包扎法等。要根据受伤的部位不同采取适当的包扎方

法，力求动作熟练柔和，松紧合适，一般包扎从远心端到近心端，包扎四肢时使指端外露，以便观察。

（二）软组织受伤

1. 诊断　软组织损伤是因外力撞击、拉伸、扭曲而造成的肌肉韧带组织的破坏。如肌肉、韧带的拉伤、扭伤等。受伤后，局部出现红肿、淤血、疼痛等症状，致使受伤部位运动能力丧失。

2. 处理方法　冷疗法，冷疗是急性闭合性软组织损伤中常用的重要治疗方法。可将毛巾浸透冷水或将冰块装入薄袋内直接外敷，也可直接用冷流水冲洗或浸泡，但时间不宜过长。

（三）关节脱位

关节脱位是指关节面失去正常的联系，又称脱臼。运动中发生的关节脱位，一般是由间接外力所致，也可因直接外力的扭拉或本人用力过猛造成脱臼。

1. 诊断　受伤关节疼痛，压痛和肿胀，主要是由于关节脱臼时伴有软组织损伤和出血，神经受到牵拉压迫所致，关节功能丧失，不能自主活动，变形，与对侧相比不对称，如“方肩”畸形。

2. 处理方法　在没有关节复位技术时，不要轻易做关节复位术，以免加重伤势或造成二次损伤，应立即采取适当方法和器材进行固定。如肩关节脱位时取大三角巾两条或长袖内衣等替代品，分别折成宽带，一条悬挂前臂，另一条绕过伤肢将其缚结于肩侧。肘关节脱位时用铁丝夹板弯成合适的角度，置于肘后，用绷带缠紧，再用小悬臂带挂起前臂，也可直接用大悬臂带法包扎固定。尽快送往医院救治，注意防寒保暖。

知识拓展

孩子右胳膊肘半脱位，你知道如何处理吗？

病情分析：脱臼又称关节脱位。因外力或其他原因造成关节各骨的关节面失去正常的对合关系。因外伤引起者为外伤性脱位；因关节病变引起者为病理性脱位；脱位后，关节面完全丧失对合关系者为完全脱位；部分丧失者为半脱位。

建议：伤后关节局部疼痛、肿胀、活动障碍及出现畸形，多可据此作出诊断。为了确定脱位的方向、程度及是否合并骨折，X线检查是必要的。对脱臼者应及时进行手法复位，越早越好。复位后应使关节固定于稳定位置2～4周；解除固定后还应进行主动的功能锻炼，以利恢复关节功能。如果手法复位失败，应行手术切开复位。

(四) 骨折

骨的完整性遭到破坏叫骨折。常见骨折的部位有上肢骨如锁骨、脑骨、前臂、指骨、掌骨，下肢骨如股骨、小腿骨、骸骨、足骨，以及脊柱和颈骨。

1. 诊断 询问伤者伤前运动的动作方式、强度、作用力方向等，初步判断造成骨折的可能性。骨折常伴有疼痛、肿胀、皮下淤血、畸形、假关节活动等特征。一般当时疼痛较轻，稍停即疼痛加重，并可引起休克；骨杠杆功能丧失，不能支持运动；完全骨折时，骨折处可出现关节活动的现象。

2. 处理方法 骨折时应及时用夹板和绷带将折断的部位固定，包扎起来，使伤部不再活动，避免断端刺伤周围的组织和器官造成二次损伤，同时可以减轻伤痛，以及便于转送医院。固定时应最大限度地减少肢体的移动。伴有出血和伤口者，先止血和包扎伤口，伴有休克先抗休克。先固定骨折上下部，再固定上下关节，即由近及远，露出伤口和四肢肢端，便于观察伤情。固定后要注意伤肢的保暖，尽快送往医院，转运时应采取适当体位，减少伤肢松动。

骨折临时固定的注意事项：

(1) 固定前不要无故移动伤肢。

(2) 固定时不要试图整复，如果畸形很厉害，顺伤肢长轴方向稍加牵引。

（3）夹板的长度和宽度要与骨折的肢体相称，其长度必须超过骨折部的上下两个关节。

（4）固定要牢靠，松紧要合适。

（五）休克

休克是指人体受到强烈的有害因素作用而发生的一种急性循环功能不全综合征，原理是微循环内血液灌注障碍导致有效血循环量不足，全身组织器官缺血、缺氧引发的功能障碍。

1. 诊断　运动中并发的休克多为外伤性休克，主要是损伤引起的剧烈疼痛所致，如骨折、脑损伤等。表现为病人面色苍白，反应迟钝，表情淡漠，虚弱无力，四肢发冷，血压下降，严重时可昏迷不醒甚至死亡。

2. 急救　使患者安静平卧或头低脚高仰卧，防寒保暖，通风透气。昏迷者令其头侧偏，将舌引出口外，必要时给以人工呼吸，针刺或按摩人中、百会、涌泉、内关、合谷等穴，手法较重，如有骨折和出血，应同时处理，并及时送往医院。

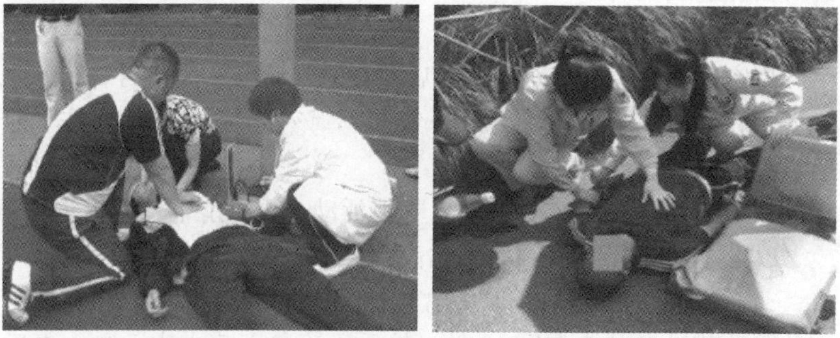

图 8-1　运动中休克急救

二、运动损伤的应急处理

运动损伤的应急处理很关键，方法正确，有时几秒钟可能就会使症状缓解，相反，如果不知道如何处理，随便乱动、乱走、乱晃，可能问题会更严重。下面介绍一下我们常见的腰部扭伤和脚踝扭伤的处理方法。

（一）腰部扭伤

1. 注意休息 要减轻腰部扭伤后的症状，休息必不可少。如果腰部扭伤后，要立马停止一切活动，让肌肉得到休息，防止让腰部伤势加重，进而导致腰肌劳损。

2. 冰敷 可以使用冰袋敷在腰部疼痛部位，注意不要冻伤。用冰块直接对受伤部位皮肤摩擦，效果也很好。如果没有冰块，可用冷水进行冷敷，用湿冷毛巾缚在伤处，每2分钟换1次，也可用冷水直接喷淋、浸泡。冰和冷敷的目的是使受伤部位出血尽快康复，以阻止进一步肿胀充血。

3. 手法治疗腰部扭伤 首先应舒筋活络，点按有关穴位，如肾俞、阳关、委中，手法以接、推、滚、揉为主，当肌肉松弛后，身体要侧卧，先摇动腰部，再侧搬按。腰部即觉松弛，然后根据受伤程度，配合内服中药，或者外敷，一般腰部扭伤一个疗程可愈。

另外，平时搬抬重物和弯腰时要特别注意，不要因为一时大意而对腰部造成损伤。

（二）脚踝扭伤

现实生活中，穿高跟鞋，前后左右的跑动以及快速启动和急停频繁，容易出现脚扭伤，当脚扭伤之后，该如何恢复？一般按下面的步骤治疗：

1. 扭脚的当时，立即制动，不能活动，更不能下地忍痛走路。

2. 要控制关节内充血，即抬高踝关节，并立即冷敷。

3. 在伤情稳定以后，取一盆较热的水和一盆凉水，分别把受伤的踝关节浸泡在热水里15秒，然后迅速移至凉水中5秒，再反复更换，利用温度的变化产生的热胀冷缩，促进踝关节的血液循环，使肿胀最快、最有效地得到恢复。

4. 待伤情有所好转，症状有所减轻之后，就要尽量进行踝关节的功能练习。如缓慢地开始做踝关节的屈、伸，内绕环、外绕环等静力或阻力练习。

5. 对受伤部位进行按摩。受伤初期，不可轻易揉按伤处，有可能造成红肿加大；如伤后 5 天，可以进行轻揉受伤部位。揉按方式为以手掌掌心放置在受伤部位，轻轻揉按，能够有效地缓解疼痛和消肿。

6. 药物治疗。可以和按摩同时进行，外用推荐云南白药喷雾，红色止痛，白色消肿；用红花油＋揉按也能有效地消肿（只适用于软组织受伤）。

7. 根据功能练习的效果，判断踝关节的具体恢复情况，适当地、循序渐进地下地练习，有助于踝关节的恢复。刚开始下地练习时，一定要戴护踝或弹力绷带来保护踝关节。

8. 开始适应下地之后，发现肿胀会重新出现及胀痛，此时可以重新运用热水泡脚及患肢抬高，促进肿胀消退。

9. 暴力过大，损伤严重，老年人骨质疏松容易出现骨折，伤后即出现踝关节无法活动者，可能出现踝关节骨折，应当立即去医院进行系统治疗。

注意事项：上述步骤应当注意时间顺序，切勿乱用，比如受伤时按摩，反而会加重软组织损伤及出血和肿胀。

另外，对拉伤的肌肉局部进行加压包扎，包扎不要过紧，以使局部有压迫感、包扎以下部位无发紫、发凉、发麻为度。包扎的目的是为了抑制肿胀进一步加重，同时给这个部位的肌肉以支撑的外力。

第三节　体育锻炼中的生理反应和处置

由于运动，使人体生理活动过程的有序性受到了暂时的破坏，从而常常出现某种生理反应，简称“生理运动反应”，常见的生理运动反应及处理办法如下：

运动损伤的应急处理

一、肌肉酸痛

不少人有过这样的体会，在一次运动量较大的锻炼后，或是隔了较长的时间没有锻炼，刚开始锻炼之后，往往会出现肌肉酸痛，这种酸痛不是发生在运动结束后即刻出现，而是发生在运动结束后 1～2 天内，因此称肌肉延迟性疼痛。

（一）原因和症状

近代生理学的研究表明，运动后的肌肉酸痛原因是，运动时肌肉运动量大，引起局部肌纤维及结缔组织的细微损伤，以及部分毛细纤维的痉挛所致。由于这种肌纤维细微损伤及痉挛是局部的，故而就整块肌肉而言，仍能完成运动功能，但是存在酸痛感。酸痛后，经过肌肉内部细微损伤的修复，肌肉组织变得较以前强壮，以后同重负荷将不易再发生损伤。

（二）处理和预防

1. 处理 当已经出现肌肉延迟性酸痛后，采取以下措施有利于酸痛的减弱或缓解。

（1）热敷。可对酸痛的肌肉进行热敷，有助于操作组织的修复及痉挛的缓解。

（2）伸展练习。可以对肌肉进行局部的静力牵张练习，保持伸展状态 2 分钟，然后休息 1 分钟，重复进行，每天做几次这样的练习，有助于缓解痉挛。但注意做时，不可用力过猛，以免牵拉肌纤维损伤。

（3）按摩。按摩使肌肉放松，促进血液循环，有助于损伤修复及痉挛缓解。

（4）口服维生素 C。维生素 C 有促进结缔组织中胶原合成的作用，有助于受伤组织的修复，从而减轻或缓解酸痛。

（5）针灸、电疗等手段对缓解酸痛也有一定的作用。

2. 预防 预防肌肉酸痛可以采取以下措施：

（1）根据不同体质，不同状况科学地安排锻炼负荷，负荷不要过大，也不宜增加过猛。

（2）锻炼时，避免长时间锻炼身体的某一部分，以免局部肌肉负荷过重。

（3）准备活动中，注意对即将练习时活动负荷重的肌肉活动更充分一些，对损伤有预防作用。

（4）整理活动除进行一般性的放松练习外，还应重视进行肌肉的伸展牵拉练习，这种伸展性练习有助于预防局部肌纤维痉挛，从而避免了酸痛的发生。

二、运动中腹痛

（一）原因和症状

多数在中长跑时产生，主要是因为准备活动不充分，开始时运动过于剧烈，或跑得过快，内脏器官尚没有达到竞赛状态，致使脏腑功能失调，引起腹痛；也有的运动前吃得过饱，饮水过多，以及腹部受凉，引起胃肠痉挛；少数是因运动时间过长，或过于剧烈，使下腔静脉压力上升，引起血液回流受阻，或因肝脾淤血，膈肌运动异常，致使两肋部腹痛。

（二）处置和预防

1. 处置　一般可采用减速慢跑，加深呼吸，按摩疼痛部位或弯腰跑一段等方法处理，疼痛常可减轻或消失，如疼痛仍不减轻或消失，甚至加重，此刻就应该停止运动，并口服十滴水或揉按内关、足三里、大肠俞等穴位。如仍不见效，则应送医院进一步检查。

2. 预防　饭后1小时才可以进行锻炼，做好预防活动，运动量循序渐进，并注意呼吸节奏，夏季运动要注意补充盐分；对于各种慢性病症引起的腹痛，应就医检查。病愈之前，应在医生或体育教师的指导下进行锻炼。

三、运动性贫血

（一）原因和症状

血液中红细胞与血红蛋白低于正常值，称为贫血，因运动引起的血红蛋白减少称为运动性贫血。在通常情况下，本病的发病率女性高于男性。由于贫血，常引起多种不良的生理反应，危及健康。所以这部分学生常常恐惧体育锻炼，特别害怕中长跑锻炼。其发病的主要原因为：

1. 由于运动时，肌肉对蛋白质和铁的需要增加，一旦需求量得不到满足，即会引起运动性贫血。

2. 由于运动时，脾脏释放的溶血卵磷脂使红细胞的脆性增加，加上运动时血流加速，易引起血红细胞破裂，致使红细胞的新生与死亡之间的平衡受到破坏，从而导致运动性贫血。

贫血症状表现为头晕、恶心、呕吐、气喘、体力下降，以及运动后心悸、心率加快、脸色苍白。

（二）处置和预防

1. 处置 如果运动中出现头晕、恶心、呕吐等现象，应适当减小运动量，必要时暂停运动，并补充富含蛋白质或铁的食物，口服硫酸亚铁。

2. 预防 遵循循序渐进和个别对待原则，提高膳食质量，如运动时经常有头晕现象时，应及时诊断医治，以利于正常参加体育锻炼。

四、运动性昏厥

在运动中，由于脑部突然供血不足而发生的一时性知觉丧失现象，叫运动性昏厥。

（一）原因和症状

1. 原因 由于剧烈运动或长时间运动，使大量血液积聚在下肢，回心血量减少所致。也和剧烈运动后引起的低血糖有关。

2. 症状 全身无力，头昏耳鸣，眼前发黑，面色苍白，失去知觉，突然昏倒，手足发凉，脉搏慢而弱，血压降低，呼吸缓慢等。

（二）处置和预防

1. 处置 应立即使患者平卧，足略高于头部，并进行由小腿向大腿心脏方向推摩或拍击。同时由手指点压人中、合谷等穴位，必要时给氨气闻嗅。如有呕吐，应将患者头偏向一侧。如停止呼吸，应立即进行人工呼吸。轻度休克者，应由同伴搀扶慢慢走一段时间，帮助进行人工呼吸，即可消失症状。

2. 预防 平时要坚持体育锻炼，以增强体质；久蹲后不要突然起立，不要带病参加剧烈运动；急跑后不要立即停下来；不要在饥饿情况下参加剧烈运动。只要遵循上述要求，运动性昏厥是可以避免的。

五、肌肉痉挛

肌肉痉挛俗称抽筋，是肌肉不自主地强直收缩，变得僵硬。运动中最容易发生痉挛的肌肉是小腿腓肠肌。

（一）原因和症状

在体育锻炼中，肌肉受到寒冷的强烈刺激时，即可发生肌肉痉挛。有的因为准备活动不足、肌肉猛力收缩、收缩与放松不协调时，均可发生肌肉痉挛；也有的因为情绪过分紧张所致。肌肉痉挛时，会突然变得坚硬，疼痛难忍，而且一时不易缓解。

（二）处置与预防

1. 处置 对痉挛部位的肌肉做到牵拉。例如腓肠肌痉挛时，即伸直膝关节，并配合按摩，揉捏及点压委中、涌泉穴等，以促进痉挛缓解和消失。

2. 预防 运动前要做好准备活动，对容易发生痉挛的部位，事先应当进行适当按摩；夏季进行长时间运动时，要注意补充盐分，冬季锻炼时，要注意保暖；游泳下水前，应先用冷水淋浴，游泳时，不要在水中停留太长时间；疲劳和饥饿时，不要进行剧烈运动。

六、极点和第二次呼吸

（一）极点

在剧烈运动时，特别在中长跑时，能量消耗大，下肢回流血量减少，氧债不断积累，并达到一定程度，就会出现呼吸急促，胸闷难忍，下肢沉重，动作不协调，甚至有恶心现象，这在运动生理学上称为“极点”。

（二）第二次呼吸

“极点”出现后，适当减慢运动速度，并注意加深呼吸，坚持下去，上述生理反应将逐渐缓解与消失。随后机能得到重新改善，氧供应增加，运动能力又将得到提高，动作变得协调有力。这种现象，标志着“极点”已经有所克服，生理过程出现新的平衡，运动生理学上称之为“第二次呼吸”。“第二次呼吸”出现以后，循环机能将稳定在较高的水平上。

“极点”与“第二次呼吸”是长跑运动中常见的生理现象，无需疑虑和恐惧，只要坚持经常锻炼和处理得当，“极点”现象是可以延缓和减轻的。

七、运动中暑

（一）原因和症状

1. 原因 在较高的温度下，长时间进行体育锻炼，易发生中暑，尤其在温度高、通风不良的条件下，头部缺乏保护，被烈日直接照射，容易发病。

2. 症状 中暑早期，头晕、头痛、呕吐现象，逐步发展为体温升高、皮肤干燥，严重者可以出现精神失常、虚脱、抽搐、心率失常、血压下降，甚至昏迷危及生命。

（二）处置和预防

1. 处置 首先将患者扶到阴凉处通风处休息，同时采取降温消暑手段，如解开衣领，喝些清凉的饮料，并补充生理盐水或葡萄糖生理盐水等。严重患者，经临时处理后，应迅速送医院进行治疗。

2. 预防 在高温炎热的季节进行锻炼时，应适当减少运动量和运动的时间；避免在烈日下长时间进行锻炼；夏天在室外锻炼时，应戴白色的凉帽，穿宽敞的衣服；在室内锻炼时，应保持良好的通风并备有低糖的饮料。

第九章

农村体育竞赛的组织

第一节　农村体育竞赛概述

一、农村体育竞赛的涵义

农村体育竞赛是指在农村中由农民参与，运用体育设施和器材，或依托自然环境，通过举行符合农村地域环境特点的多样化项目，如传统项目、乡土项目或形式灵活的现代项目等，来实现强身健体、休闲娱乐、社会教育、社会交往的群众体育活动。其主要特点是活动项目多样化、乡土化，活动时间农闲化，活动形式分散化。

二、农村体育竞赛的意义

（一）促进农民思想观念的更新和进步

体育竞赛一贯遵循“友谊第一，比赛第二”的思想，要有合作意识，集体意识，要遵守竞赛裁判规则，文明比赛。通过参赛，使其在接受运动知识及技能中不断地更新自身生活理念和思维方式，形成良好的思想作风。

（二）促进农民体质的全面提高

广泛深入地开展农村体育竞赛，可提高农民参加体育运动锻炼的积极性，增强农民对比赛项目的了解，提高参与率，从而改善村民的健康状况。

（三）促进生活质量与生活层次的提升

通过比赛，可以养成良好的健身习惯，提高自身健康水平。另外，在竞赛中可增进人与人之间的了解和交流，在一定程度上满足社交需求，达到愉悦身心的目的。在比赛中取得较好成绩，还可获得他人的赞许和尊重，从而提升生活的幸福感和自信度。

（四）促进农民文化素质的提高

通过农村体育竞赛的开展，促进农村与外界的交流合作，促进城乡结合，培养农村人口的现代意识。另外，在竞赛的过程中，还可与民俗文化有机结合，贯穿于历史文化，从而促进人们文化素养的提高。

（五）促进农村地区建立和谐的生活环境

在农村，合理安排余暇时间，构建积极向上的和谐的生活氛围，能极大地丰富农民娱乐文化生活，突破满足现状的生活状态，自觉抵制各种陋习和不良风气的影响，促进农村乡风的扭转和治安的稳定，为农村建设提供了良好的环境。

（六）促进农村经济的发展

体育竞赛活动在农村开展，有利于改变农民的消费观念，推动农村消费结构的转型，从而带动农村体育产业的发展，在一定程度上能改变农村的乡村面貌。

第二节　农村体育竞赛组织

一、农村体育竞赛种类

体育竞赛的分类方法较多，按竞赛任务的不同可以分为综合性竞赛和单项竞赛两类。综合性竞赛一般称为运动会，如全国农民运动会。它包括若干个运动项目的比赛，其任务是全面检查农村各项运动的普及和提高情况，广泛总结交流经验，推动农村体育活动的开展。如全国及各省市的农民运动会。这种竞赛由于比赛项目多、规模较大，通常是四年或两年一届。以单独进行某一项目的比赛为内容，称为单项竞赛。在农村，一般是根据当地具体情况，选择几种较常见的项目，如篮球、乒乓球、拔河、跳绳等项目；或具有乡土气息的，能活跃村民身心的一些项目来举行，如掰手腕、背媳妇、插秧、搓玉米等趣味性比赛。

二、体育竞赛常用词汇

（一）竞赛规则

参加比赛者共同遵守的法规，裁判工作的依据。内容包括：裁判员职责，竞赛通则，各单项裁判方法，得分、违例、犯规的评定，以及场地、设备和器材的规格等。

（二）秩序册

全面、具体地安排某次竞赛如何组织进行的文件。一般包括：大会主席团、组织委员会名单，裁判人员名单，各代表队名单，竞赛规程，活动日程，竞赛项目，时间及各项竞赛分组表等。运动员按秩序册所规定的时间、地点、对手进行竞赛。

（三）运动员

参加运动比赛的人员。

（四）教练员

在运动训练中，对运动员的思想、身体、技术、战术、心理等进行培养和训练的人员。

（五）裁判员

在体育竞赛中，依据竞赛规则组织比赛，评定运动员（队）成绩、胜负和名次的人员。根据不同运动项目的竞赛规则规定，裁判员有各种职称：

1. 总裁判　负责组织和领导全体裁判人员进行裁判工作（有的比赛还设有副总裁判，协助总裁判工作或在总裁判领导下分管部分工作）。

2. 裁判长　负责组织和领导某项或部分项目的裁判工作。

3. 主（正）裁判、副裁判　在球类等项目中设置。主（正）

裁判负责一场比赛的全面工作。副裁判协助主（正）裁判工作并分担部分具体工作。

4. 司线员、巡边员、视线员、计时员、记录员、检录员 都是担任具体裁判工作的人员，有时依其分工而称为某项或某部的裁判员。在有的运动项目中，依其分担的任务而另有专职名称。例如，排球裁判员中的司线员，其职责是观察球是否出界，是否在标志杆内通过等，并打出旗示。在足球裁判中有巡边员，其职责是对球出界、角球、球门球、越位和犯规等打出旗示。在体操裁判员中有视线员，任务是观察和确定运动员在自由体操比赛时动作是否出界，跳马时手触马的位置是否越区。计时员是根据不同项目的竞赛规则计取运动员成绩或比赛时间的人员。记录员是对比赛情况，运动成绩进行记录、核对和计算，并以此确定参加者的成绩和名次。检录员是根据秩序册所规定的时间，在每个项目或每场比赛前召集运动员点名、检查号码和服装，带领运动员到达比赛场地。

（六）冠军

是指某人的智勇为诸军之冠。现多用冠军来称呼运动竞赛的第1名。

（七）亚军

亚，是其次的意思。比赛中仅次于冠军的第2名，称为亚军。

（八）奖状

发给体育运动竞赛中优胜者的一种书面奖励。

（九）奖牌

奖牌（或奖章）运动竞赛中的一种奖品，是发给优胜者佩戴的标志。一般有金质、银质、铜质3种奖牌，分别发给第1、2、3名。

（十）奖杯

体育运动竞赛中发给优胜者的奖状奖品。

（十一）纪录

在一定时期、一定范围内记载下来的某些项目的最高成绩。一定时期是指某一年或第几届运动会。一定范围是指从基层单位、省、市以至全国等。用时间、距离、重量等客观标准来确定成绩的运动项目。

三、农村体育竞赛组织

（一）体育竞赛组织概述

为了顺利完成竞赛任务，不论是综合性运动会或单项比赛，都应看成是一项系统工程。这项工程大致可分为三个阶段进行：即赛前的策划组织，赛中的有力监控，赛后认真总结收尾。组织规模较大的竞赛活动，应成立相应的大会组织委员会或筹备委员会。规模小的比赛则应以能完成各项任务为准，尽量精简组织机构。根据工作需要分成若干小组，如宣传组、竞赛组、裁判组、场地器材组、后勤保障组等，各司其职，相互协作保证大会顺利进行。

竞赛规程由组织委员会制定，内容一般包括：竞赛的名称，目的任务，主办单位，日期和地点；参加单位和各单位参加人数，运动员资格，竞赛项目，比赛办法，竞赛规则，计分、录取名次和奖励办法，报名办法，报到、抽签的日期和地点，单位标志和其他（服装、经费等）方面的规定。

在比赛前要编印好比赛秩序册，安排各单位练习场地，裁判员应集中学习，研究规则，统一裁判技术和工作方法，明确分工，并检查场地、设备、器材。

在比赛中要将场地、设备、器材按比赛项目规定的时间、地点安排好，以保证比赛顺利进行。裁判要公正地执行规则，遇到创造新成绩时，裁判长应亲临现场进行复审，然后签字，交大会宣布。裁判工作中出现重大问题，由竞赛委员会处理。

赛后应准确、及时地记录和公布成绩，并统计核实个人分和团体分，列出全部名次，以便发奖。还要统计、整理破纪录的人数、次数等有关资料。最后印发成绩册。

（二）农村体育竞赛的组织

农村体育竞赛组织，一般根据参赛人员多少、规模大小来组织，大致有宣传组、竞赛组、裁判组、场地器材组、后勤保障组等，各组的工作内容或任务如下：

1. 宣传组 搞好运动竞赛的宣传、教育工作。鼓励运动员赛出水平、赛出风格。宣传教育观众，争当“文明拉拉队”。

2. 竞赛组 制定大会法规性文件——竞赛规程。竞赛规程起着指导性文件的作用。在竞赛前由主办单位根据竞赛的目的、任务制定，并提前发给有关单位，以便各单位做好准备。竞赛规程包括：名称、日期、地点、参加单位、资格、办法、录取名次、奖励办法、报名、报到日期、地点、裁判员、仲裁委员会选派方法和注意事项等。为使竞赛工作严密有序地进行，还应做好以下工作。

（1）审查报名表。

（2）做好抽签和编排工作，编印和下发秩序册。

（3）安排好裁判员，保证裁判员的数量和质量。

（4）及时研究、确定分工，解决竞赛中出现的有关问题。

（5）如确实需要，下发补充通知，解决规程中未尽事宜。

（6）比赛前应认真全面检查场地器材，需要进行整改应及早安排，要保证安全。

（7）比赛期间要及时印发、公布成绩公报。

（8）比赛结束后，认真核对好比赛成绩，编印成绩册，技术资料分类归档，及时发送有关部门单位。

3. 裁判组 裁判员应本着“认真、公正、准确、及时”的执法原则认真履行职责，应表现出高尚的道德准则和业务水准。在工作中应遵守以下要求，认真履行职责：

（1）认真学好规程、规则，统一认识，统一裁判方法。对比赛中可能出现的问题加以研究并落实处理方案。组织必要的实习或考核。

（2）裁判长要合理安排好裁判员，对抗性强或决定胜负的关键场次应重点关注。

（3）裁判员在履行职责时应精力集中。既要严格执行规则，又要讲文明礼貌。

（4）执法中不能弄虚作假。如发现反判、漏判、误判等应立即纠正。

（5）比赛结束后，广泛认真地听取各方意见，总结经验，改进工作。

4. 场地器材组　根据规则和规程的要求，认真合理地布置好竞赛场地和器材设备。认真负责地做好场地的修整、清理等工作。

5. 后勤保障组　后勤工作应向运动员、教练员、裁判员及工作人员提供一个良好的比赛、工作条件。

四、体育竞赛编排

根据体育竞赛的具体任务、项目特点、参加队数人数、比赛的期限和场地设备条件等，选用相应的比赛方法。

（一）比赛方法

1. 淘汰法　淘汰法是通过比赛逐步淘汰成绩差的，最后评出优胜者。有两种情况：一种是按一定顺序让参加者一个（组）接一个（组）地表现成绩，通过及格赛、预赛、复赛、决赛，淘汰较差的，比出优胜名次。另一种是球类和其他对抗性比赛项目，按淘汰表进行比赛，胜者进入下一轮，直到最后决定优胜者。这种方法称淘汰制。

如果参加的队（人）数不是2的乘方，有的队（人）在第1轮比赛中应安排轮空，使第2轮比赛的队（人）数为2的乘方。比赛场数＝队数（或人数）－1。

淘汰制的优点是参加者很多时，能在较短时间内完成比赛任务。缺点是除第1名以外，很难合理地定出其他名次。强者可能在第1轮就相遇，一次失败即被淘汰，学习锻炼的机会较少。为了弥补这个缺点，可采用种子法、补赛法、双淘汰法等。种子法是赛前了解参加者的运动水平，选定若干实力较强的队（人）作为种子，有计划地安排在淘汰表各个不同部分，使他们不在预赛、决赛中相逢，以便有充分表现成绩的机会，并使比赛愈到后期愈紧张精彩；补赛法是决赛后用补充比赛来确定第2名以下的各个名次；双淘汰法是指参加者在比赛中失败 2 次后才无继续比赛的机会。

2. 循环法 也称循环制，是所有参加比赛的队（人）均互相交锋 1 次，最后按各队（人）在全部比赛中胜负场数、得分多少排列名次。在对抗性项目中常采用。这种方法比赛机会多，有利于互相学习，进一步提高运动水平，合理地评定参加者的名次。循环法分为单循环、双循环和分组循环 3 种。根据参加者的多少和比赛期限的长短而分别采用。

3. 轮换法 将运动员分为若干组，在同一时间内，分别进行各个项目的比赛，赛完一项后，各组依次轮换再进行另一项比赛。例如体操比赛中安排双杠、跳跃、单杠 3 组轮换等。这种方法能节省比赛时间，但由于运动员参加比赛项目的顺序不同，条件不够均等。

（二）田径竞赛编排方法

1. 编排前的准备工作

（1）学习竞赛规程及田径规则，了解开、闭幕式约占时间，实际竞赛时间，参加单位、组别、项目，场地器材情况，裁判人数及水平，准备用具和秒表等。

（2）根据规程审查报名表，如有错误及时纠正并解决。

（3）编排运动员姓名、号码对照表。

（4）统计各项参加人数、兼项人数等。

2. 竞赛分组编排

（1）径赛。根据各项参加人数、赛次及各赛次录取名额和方法、直道弯道数及裁判分组情况，拟定分组计划。分组时每组人数尽量均衡，避免同单位参赛员排在同一组里。如按成绩录取参加下一赛次，尽量将成绩好与差的参赛员搭配编组。如按名次录取参加下一赛次，则将成绩好的参赛员平均分配到各组内。分道跑项目，成绩好的参赛员应在第二或第三道。1 500 米以上项目分组决赛时，一般成绩好的参赛员排在第一组。确定预赛道次时，由编排人员在监督下抽签排定并印入秩序册。以后的赛次由参赛员在检录处按规定抽签决定。

（2）田赛。一般不分组，比赛的顺序由编排人员在监督下抽签排定并印入秩序册。参加人数较多的项目，可在正式比赛前举行资格赛。

（3）填写各种竞赛分组表。按抽签排定的顺序，抄写各项分组道次（顺序）、号码、姓名；填写径赛记录表、田赛远度和高度成绩记录表。

3. 竞赛秩序编排原则

（1）在各赛次间，应给予参赛队员休息时间。

（2）不同组的同一项目，最好衔接进行。

（3）短距离多赛次项目，最好上午预赛，下午复赛、决赛，一天结束一项。

（4）编排时应将决赛项目和精彩项目分开排列，田赛场地布局要照顾观众，以防过于集中。

（三）球类运动竞赛的组织与编排

1. 球类竞赛的组织　竞赛组织分为：制订比赛组织工作方案；制订竞赛规程；制订比赛工作计划。

（1）制订比赛组织工作方案。组织工作方案是一切工作的依据，一般包括以下内容：①比赛的名称和目的任务；②比赛的规模，根据比赛的目的和任务来确定，主要内容包括主办单位、比赛的地点和日期、参加单位和参加人数等；③比赛的组织机构包括组织形式、工作人员名额、组织委员会下设的工作部门及负责人。

（2）制订竞赛规程。比赛名称、时间及地点、竞赛办法、参加对象人数、计分及奖励办法等。

（3）制订比赛工作计划。主要包括：编排比赛秩序及编印秩序册；审查参加比赛人员的资格；组织裁判员学习；召开裁判长、领队会议；检查场地、器材；绘制各种表格等。

2. 竞赛办法　一般可采用淘汰制、循环制、交叉制、混合制等办法。

（1）淘汰制。指逐步淘汰失败者，使胜者按预定比赛进入下一轮比赛，最后决出名次的一种比赛。它分为单淘汰制（比赛过程中失败一次即被淘汰的方法为单淘汰制）和双淘汰制（比赛过程中失败两次即被淘汰的方法为双淘汰制）。

单淘汰制比赛的编排方法为：

① 计算比赛轮数。计算比赛轮数时，如果参加队数（人数）正好是2的乘方，比赛的轮数正好是以2为底的幂的指数，如8个队参加比赛，即为3轮，因为$8=2^3$；如果参加队数（人数）不是2的乘方，比赛的轮数是较大的一个以2为底的幂的指数，如12队（人）参加比赛，因为$2^3=8$，$2^4=16$，所以按16个队（人）的轮数来计算，较大的一个以2为底的幂的指数是4，即为4轮。

② 计算比赛场数。比赛总场数等于参加队数减去1，如8个队参加比赛，总场数为7场，8－1＝7（场）。

③ 编排比赛秩序表。如果参加比赛的队数是2的乘方，第一轮所有的队都参加比赛，没有轮空队，将参加比赛的队，每两个队编为一组，按秩序表逐步进行淘汰即可。如果参加比赛的队数不是2的乘方数，第一轮比赛将要产生轮空队，要确定轮空的数量，即轮空数，这时可根据参赛的队数，选择最接近、较大的2的乘方数作为号码位置数，用号码位置数减去参加比赛的队数，即为轮空数。如13个队参加比赛，应选用16作为号码位置数，16－13＝3，即有3个轮空队数。根据规则，可选2、5、10为轮空的号码位置，凡与2、5、10比赛的队即为轮空队。

轮空队必须安排在第一轮，可采用抽签的办法来决定轮空队，也可采用设种子队，确定种子队轮空队的区位。为了避免水平高的队过早相遇而被淘汰，可设种子队，把种子队安排在不同的区位上，使之最后相遇，种子队的多少，由参赛队的多少而决定，一般4个队确定1个种子队为宜，如16个队参加比赛，设4个种子队，最好把最强的1、2号种子队放在两头的1、16号位置上，把3、4号种子队放在中间的8、9号位置上。采用抽签的方法再确定非种子队在秩序表上的位置，然后填上队名、日期、场地、时间即成为比赛日程表。一般情况下同单位的球队或运动员，应分散于各区（图9-1）。

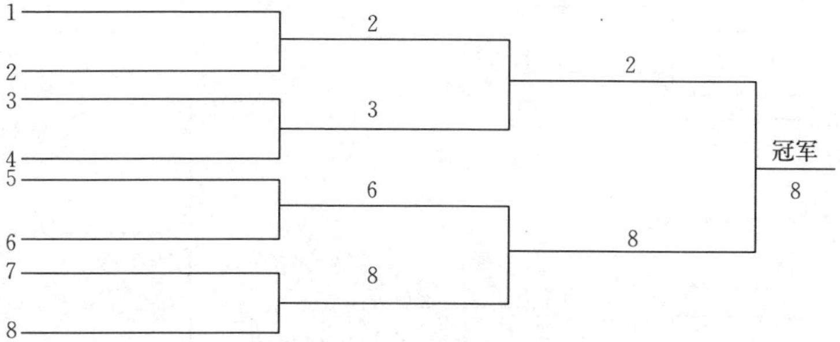

图 9-1 8 个队单淘汰比赛编排表

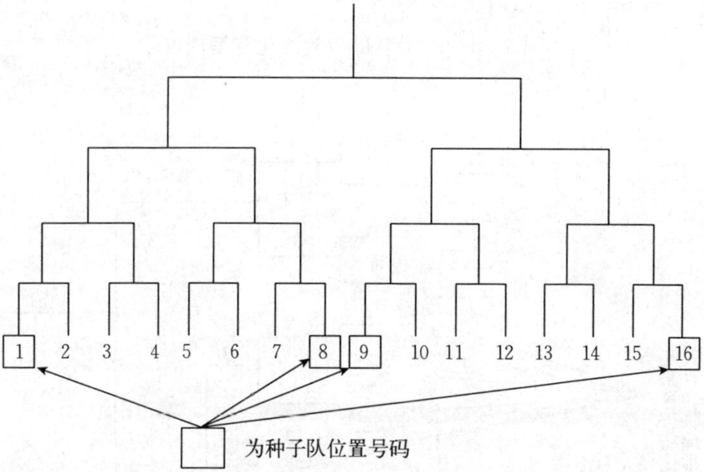

图 9-2 单淘汰比赛设种子队的编排表

双淘汰制比赛的编排方法：基本上和单淘汰制相同，只是进入第二轮后，要把失败的队编排起来再进行比赛，失败两次才被淘汰，胜者进入下一轮比赛；失败一次的队，最后还有可能获取冠军。如 8 个队参加双循环比赛的编排示例见图 9-4。

（2）循环制。分为单循环（所有的参赛队均能相遇一次，最后按各队在比赛中胜负场数、得分多少排列名次）、双循环（所有的

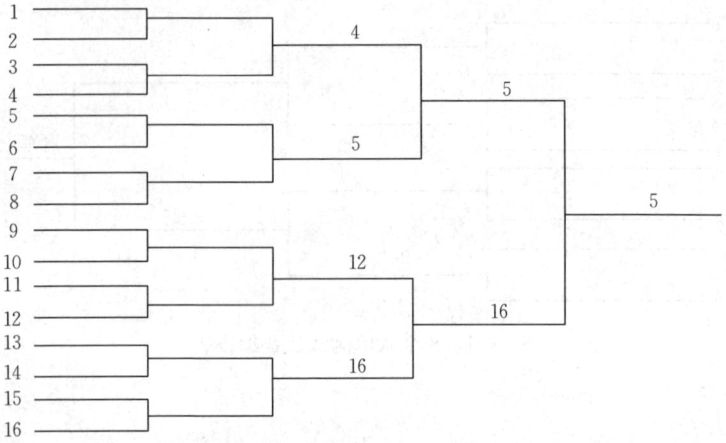

图 9-3　16 个队的单淘汰比赛编排表

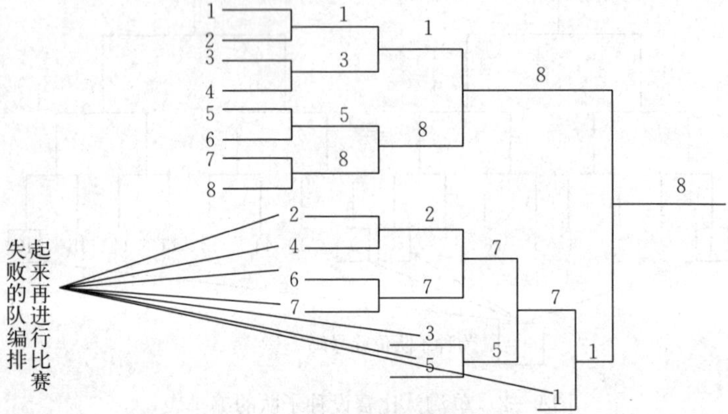

图 9-4　双淘汰制比赛的编排表

参赛队均能相遇两次，最后按各队在比赛中胜负场数和得分多少排列名次）、分组循环（参赛队分为若干组分别进行单循环比赛，在小组排定名次后再进行第二阶段比赛）。

①单循环制比赛的编排方法。计算比赛轮数，如参赛队为偶数，则轮数＝队数－1，如是奇数，则轮数＝队数。

计算比赛场数：

$$比赛场数=\frac{队数（队数-1）}{2}$$

编排比赛轮次表时，不论参加比赛的队数是偶数还是奇数，一律按偶数队编排。如果是奇数，可以加一个号，使之成为偶数，碰到所加的号的队就轮空一次。

确定第一轮比赛队先用号数代表队数，将其平均分两半，前一半号数由1号起自上而下地写在左边，后一半号数自下而上地写在右边，然后把相对的号数用横线联结起来，这就是第一轮比赛。

左 ↓

第一轮
1 —— 6
2 —— 5
3 —— 4

↑ 右

把1号位置固定不变，其余的号数按逆时针方向移动一个位置，再用横线把对应的号数连起来，这就是第二轮比赛，依此类推，排出其他各轮比赛（图9-5）。

第一轮	第二轮	第三轮	第四轮	第五轮
1-6	1-5	1-4	1-3	1-2
2-5	6-4	5-3	4-2	3-6
3-4	2-3	6-2	5-6	4-5

图9-5　比赛轮次表

轮次表排完后，召集各队进行抽签，将各队队名按抽到的号签填到轮次表中，编出比赛的日程表。

②双循环制比赛的编排方法。参赛队伍不多，时间又允许，则可用双循环比赛方法。双循环比赛的编排与单循环比赛编排方法相同，比赛成绩记录方式也一样，只是比赛场数增加一倍。

③分组循环制比赛的编排方法。参赛队伍多，时间又有限，则可用分组循环比赛方法。

A. 分组循环的编排方法。一般将比赛分两个阶段，第一阶段将各队分成若干小组进行单循环比赛，排出各小组的名次后，再进行第二阶段的比赛。第二阶段的比赛可以仍采用单循环比赛。

B. 记分方法。如果比赛的队积分各不相等，那么积分多者，名次列前；如果比赛的若干队积分相等，则按下面的方法排列名次：两队积分相等，则两队之间比赛的胜队名次列前。如两队以上积分相等，则以这几个队之间比赛的胜负次数排列名次，如仍相等，则按他们之间比赛的得失分率排列名次。以局统计的比赛，可按净胜局数、净胜分数确定名次。

(3) 交叉制。是 4 个队进行比赛的一种方法，一般在决赛阶段采用，第一轮比赛由前阶段 A 组的第一名对 B 组的第二名，A 组的第二名对 B 组的第一名，形成交叉比赛，第二轮由第一轮胜队决 1、2 名，负队 3、4 名（图 9-6）。

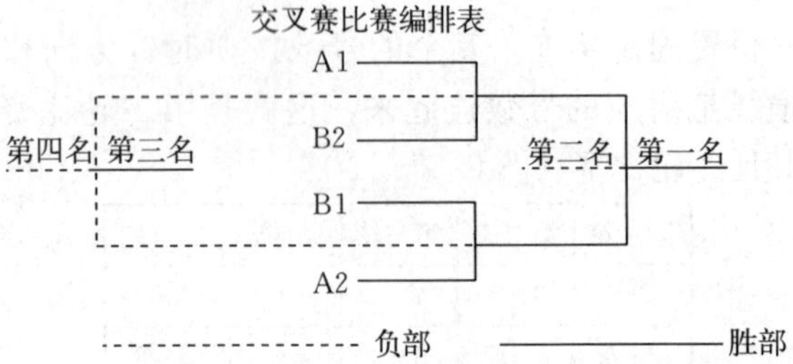

图 9-6　交叉比赛编排

(4) 混合制。指同时采用两种或两种以上的竞赛制度进行比赛。实际比赛中通常把比赛分为两个阶段，前一阶段采用循环制，后一阶段采用淘汰制，或前一阶段采用淘汰制，后一阶段采用循环制，编排方法采用各赛制的编排方法。

五、评定成绩和名次的方法

竞赛成绩和名次的评定包括个人和团体两种。所用方法应力求客观，严格按照竞赛规程和比赛规则的规定，并应有助于推动和鼓励群众积极参加比赛，努力提高运动成绩。

（一）个人成绩评定

评定个人成绩和名次的方法有如下几种：

1. 以时间、距离、重量等客观标准衡量运动成绩，确定名次，如跑、跑等。

2. 根据成套动作的难度、质量和编排的好坏等评定分数，决定名次，如传统项目中的太极拳、少林拳等。

3. 在规定时间内命中球数或折合分数定胜负，如球类比赛。

（二）团体成绩评定

团体的名次一般是在个人成绩和名次的基础上计算或评定的。通常采用以下方法：

1. 在以时间、距离为胜负的项目中，以名次分数的总和决定团体名次。例如，田径每项录取6名，以7、5、4、3、2、1计分。把某单位被录取运动员的名次分数相加，即为团体总分，按总分定名次。

2. 在羽毛球、网球中，采用单、双打若干场计胜负。乒乓球采用男子3人轮赛，女子2人、两单打一双打计胜负。

3. 综合性运动会以获得第1名（金牌奖）多少，或以各单项名次分数总和决定团体名次。

第三节　全国大中型农村体育竞赛

一、全国农民运动会

我国是世界上唯一定期举办全国农民运动会的国家。在我们国家，农民运动会是仅次于全运会的大型运动会。中国农民体协1988年创办，1988年在北京举办第一届全国农民运动会，每隔四年一届，是国家级综合性体育赛事之一。

（一）第一届全国农民运动会

第一届全国农民运动会1988年10月9～16日在北京先农坛体育场和北京市区、郊区八个场地隆重举行。

运动会共设乒乓球、篮球、足球、自行车、田径、射击、中国式摔跤等七个比赛项目和武术、蒙古式摔跤两个表演项目。

来自全国 30 个省、自治区、直辖市（台湾除外）的 1 425 名男、女运动员参加了角逐。运动会共设 46 块金牌。自 1988 年 6 月起分别在广西玉林、江西丰城、甘肃临泽、黑龙江安达进行了乒乓球预赛；在四川温江、湖北孝感、山东崂山、天津武清进行了篮球预赛；在山西忻州进行了摔跤预赛，取得决赛资格的运动队和运动员进京参加决赛。

图 9-7　第一届全国农民运动会纪念邮票

（二）第二届全国农民运动会

中华人民共和国第二届全国农民运动会，由农业部、国家体委、中国农民体协主办、委托湖北省人民政府承办，于 1992 年 10 月 10～18 日在湖北孝感地区举行。

本届运动会设田径、篮球、乒乓球、游泳、中国式摔跤、象棋、自行车、武术、民兵军事三项等九个竞赛项目和部分武术及搏击表演项目。来自全国农民运动员、教练员和裁判工作人员四千余人参加这届运动会。

参加本届运动会的有来自全国 30 个省、自治区、直辖市的农民体育代表团，共 2 236 人（其中运动员 1 465 人）。台湾也组织了“河洛”农民体育队（共 51 人），首次参加了全国农民运动会。共决出 482 块奖牌（取前 8 名），有 25 个队和 186 名运动员获得了“体育道德风尚奖”，有 24 人，53 次，10 项超过第一届农民运动会最好成绩。

（三）第三届全国农民运动会

由农业部、国家体委和中国农民体协联合举办的第三届全国农民运动会于1996年10月12～19日在上海市举行。以湖南省副省长庞道沐为团长的湖南省代表团106人，参加田径、游泳、舞龙、乒乓球、中国式摔跤、自行车载重、象棋、武术等8个项目比赛，获得金牌1枚（男子舞龙自选套路）、银牌5枚、铜牌3枚。

浏阳市北圣镇、望城县坪塘镇、桃源县九溪乡、嘉禾县龙潭乡、靖州苗族侗族自治县三秋乡、吉首市河溪镇、武冈市文坪镇等被评为“全国亿万农民健身活动”先进乡镇，在运动会上受到表彰。

图9-8　第三届全国农民吉祥物——田田

（四）第四届全国农民运动会

第四届全国农民运动会于2000年10月30日至11月5日在四川省绵阳市举行。会徽沿用往届农民运动会会徽的主体标识，由三个变形的字母“N”组成，分别代表农业、农村和农民（“N”是农字汉语拼音的第一个字母），表示农民运动会是全国农民的体育盛会，是为宣传贯彻党对农业、农村工作方针政策服务的。

参加本次运动会的代表队：包括台湾在内的32个省、市、区的参赛运动队、观摩团、新闻记者、中外嘉宾上万人。主赛场绵阳市南河体育中心新铺设了塑胶跑道，安装了国内较为先进的大型电子显示屏，足球场新植了草坪、安装了灯塔，可承接高水平的足球比赛并可清晰地进行电视转播。

本届设立的比赛项目包括田径、游泳、篮球、乒乓球、象棋、武术、中国式摔跤、风筝、钓鱼、龙舟、健身秧歌、舞龙舞狮、毽球花毽、自行车载重、民兵军事三项等15个大项目、180多个小项目的比赛。

（五）第五届全国农民运动会

第五届全国农民运动会于 2004 年 10 月 18～25 日在江西省宜春市举行，由农业部、国家体育总局、中国农民体育协会主办，江西省人民政府承办，本届农民运动会是参赛运动员最多、规模最大的一届农民运动会。全国 32 个省、自治区、直辖市派出 2 560 名运动员参赛，其中包括台湾民间体育队。

(1)会徽

(2)吉祥物——春燕

(3)开幕式盛况

图 9－9　第五届全国农民运动会

本届农民运动会比赛项目共设 14 个大项、155 个小项，比上届增加了 1 个大项、26 个小项。从 8 月开始，农民运动会的游泳、风筝和龙舟项目已陆续举行。19 日其他项目的比赛全面展开。

（六）第六届全国农民运动会

第六届全国农民运动会于 2008 年 10 月 26 日至 11 月 1 日在福建省泉州市举办。本届农民运动会共设田径、游泳、风筝等 15 个大项、180 多个小项的比赛项目，有包括台湾在内的 32 个农民的优秀体育健儿代表团，3 000 多名运动员参加比赛。本届农民运动会以“拼搏、创新、和谐、小康”为主题，以“绿色农运、金色梦想”为主口号，吉祥物为“同同”，会歌为《风浩荡情飞扬》。

比赛项目：民兵军事三项、中国象棋、田径、龙舟、中国式摔跤、武术、毽球毛毽、男子篮球、女子篮球、钓鱼、舞龙舞狮、乒乓球、自行车载重。

(1)会徽

(2)吉祥物——同同

(3) 运动会开幕式

图 9－10　第六届全国农民运动会

与以往历届农民运动会相比，第6届全国农民运动会无论是比赛项目、金牌总数，还是运动员人数，都是最多的一次。作为上届农民运动会金牌榜的第一名，广东代表团派出200余名体育健儿参加本届比赛。台湾首次组队参加农民运动会，133名来自台湾的体育健儿将和其他代表团的选手一起，对255枚金牌和一等奖展开激烈角逐。

（七）第七届全国农民运动会

第七届全国农民运动会于2012年9月16～22日在河南省南阳市举办。由农业部、国家体育总局、中国农民体育协会主办，河南省人民政府承办，本届全国农民运动会共设田径、篮球、游泳、毽球花毽、乒乓球、中国式摔跤、龙舟、民兵军事三项、武术、健身秧歌、象棋、舞龙舞狮、自行车载重、风筝、钓鱼15个大项和198个小项，其中武术和风筝比赛已提前举行完毕。来自全国31个省、市、自治区以及港、澳、台地区3万多名体育健儿和各界人士参加了盛会。这次农民运动会还设置了搬重物赛跑、抗旱提水保苗赛跑、插秧赛、抢收粮食赛等项目，既趣味十足又贴近农民的日常生活。

⑴会徽　　⑵吉祥物——牛牛

图9－11　第七届全国农民运动会

（八）第八届全国农民运动会

2011年12月25日，经农业部、国家体育总局、中国农民体育协会研究，同意中华人民共和国第八届农民运动会由吉林省人民政府承办，于 2016 年在松原市举行。截止 2016 年 11 月 18 日运动会未举办。

二、全国农民体育健身大赛

（一）“激情领跑”（牧院杯）首届全国农民体育健身大赛

2017 年 5 月 23 日，由中国农民体育协会主办，江苏省农业委员会、江苏省农民体育协会、江苏农牧科技职业学院承办的“激情领跑”全国农民体育健身大赛在江苏省泰州市举行。比赛项目共九项，分别为踢毽子、定点投篮、投飞镖、清除害虫保丰收、齐头并进奔小康、巧搓玉米送亲人、播种期盼好收成、晒场收谷大丰收、池塘抓鱼欢乐多。农事、农味、农趣融入了比赛，既增强了活动的趣味性和观赏性，也突出反映了农民体育健身的特色，传承了农耕传统文化。来自全国的 24 支队伍、200 多名农民选手齐聚一堂，比拼健身技艺、共享运动乐趣，展示新时期广大农民朋友勇于拼搏、团结协作的良好精神风貌。参赛的农民多为农村基层干部、新型农业经营主体带头人和新型职业农民，有力促进了新型农民综合素质的培育和农民体育健身事业的发展。

本次比赛以“运动、健康、快乐”为核心；以新型职业农民为主要表现对象；通过参赛和观看比赛，不但收获了与此相关的农业知识以及体育规则，还收获了观赏性、群众性、健身性和娱乐性。这样的活动非常受农民喜爱。

（二）“七彩阜宁杯”第二届全国农民体育健身大赛

2018 年 5 月 8～10 日，由中国农民体育协会主办，江苏省农业委员会、省农民体育协会、阜宁县人民政府承办的“七彩阜宁杯”第二届全国农民体育健身大赛在阜宁拉开帷幕，农业农村部副部长余欣荣、江苏省副省长缪瑞林出席开幕式。

农民体育作为提升农民精神面貌的重要抓手，在实施乡村振兴战略中有着极其重要的作用。本届大赛设置农业生产和乡村生活两大类共 8 个大项、12 个小项，既突出“三农”特色，又兼顾大众健身特点，小项运动员主要是农村基层干部、新型职业农民和乡村居民。来自全国25个省（区、市）的近300名农民选手齐聚一堂，比拼健身技艺、共享运动乐趣，展示新时代农民朋友勇于拼搏、积极向上的良好精神风貌。

本次比赛举行的项目有垄移栽备春耕、巧搓玉米送亲人、合力磨米满开怀、投飞镖、足球定点射门、运球过障碍投篮接力等项目，将农事、农味、农趣与田径运动项目相结合，富有观赏性。体育赛事办进农村社区，办进现代农业园区，群众近距离观看比赛，享受体育的精彩和快乐，这是全国农民体育健身大赛接地气的一大亮点。

举行农民体育健身大赛，意义重大。能助推农民健身与农民健康深度融合，创新发展“三农”特色体育健身项目，助推乡村振兴战略实施；助推农民体育健身活动的进一步普及；有助于引领农村体育健身活动先进村的示范作用，切实将农民体育工作做好、做实；有助于在村干部、新型经营主体、新型职业农民、农业企业中组织开展活动，因为他们既是农业现代化和社会主义新农村建设的骨干力量，也是农民体育健身的践行者、组织者和推动者，调动了基层组织和广大农民群众参与体育健身的积极性。同时，大家通过参与赛事活动，进一步增强了健身意识，体验了赛事带来的快乐，锤炼了勇于拼搏的意志，弘扬了团结协作的精神，充分体验运动的生命更健康、更快乐、更精彩。

（三）全国农民体育健身运动开展前景

随着乡村振兴、农民体育健身工程、精准扶贫等国家一系列扶贫政策的推进，农村体育健身运动正朝着良性轨道运行。

1.“体育+农业”助力乡村振兴 趣味性十足的农民体育健身大赛，其实并非“只图热闹赚吆喝”，而是一个很好的交流平台。在运动的同时，他们也可以交流经验。

比赛项目的设置也充分考虑“农”字，把农民健康、农民健身、农民体育融入乡村振兴战略的实施中，使农民体育与农业结合，如清除害虫保丰收、齐头并进奔小康、巧搓玉米送亲人、播种期盼好收成、晒场收谷大丰收、池塘抓鱼欢乐多、茶园里骑行，果园里采摘、掰手腕、砸纸炮、背媳妇、推独轮车等比赛项目，都体现“农”字特色，农民热情高涨。“体育+农业”将在广阔乡村展露无限生机。

2. 引领乡村文明 农民体育，不仅让农民健身，而且还引领乡村文明进步。有些地区，根据地域特点，通过加大资金投入、人才培育、平台搭建，举行群众喜闻乐见的体育文化活动，来推动农民体育运动得到普及与发展。同时，将体育基础设施进一步向农村延伸，促进群众体育和农民健康事业双质量发展，让群众拥有更多获得感、幸福感，干群密切，邻里和睦，乡风文明。

3. 创新健身理念 农村健身道路虽前景广阔，但还有很长的路要走。要像推广广播体操那样，探索出具有中国特色，让农民喜欢，能在原野上“茁壮成长”的健身理念、健身方法、健身路径，以科学健康的方式，开展全民健身活动，推进健康乡村建设，让农民体育健身生活化、常态化，农民幸福感才会更加充实持久。

三、农民趣味运动会

农民趣味运动会是各地根据地域特点，举办丰富多彩的体育项目。这种运动会，规模一般不大，但很有趣味，能充分激起参赛人员及观众的热情，使大家感觉幸福满满。下面举几个有代表性的例子：

（一）彭家赛镇第五届农民趣味运动会

为庆祝祖国 69 岁华诞，献礼改革开放 40 周年，彭家寨镇举行了“新时代绘就新蓝图新思想引领新征程”第五届农民趣味运动会。来自辖区的 12 支参赛队伍在欢快的音乐声中走进运动会场，390 余名参赛群众齐集一堂，共同挑战 2 个团级项目和 6 个个人项目。

（二）新疆富蕴举办农民运动会，趣味比赛引众人参加

2012 年 3 月 21 日，新疆富蕴县吐尔洪乡举办“边防杯”首届农牧民运动会，拔河、踢毽子、掰手腕、扛麻袋、跳绳、象棋等趣味比赛活动，吸引了来自当地各村千余名农牧民参加。本次趣味比赛，拓展了农牧民传统体育竞技表演水平，丰富了农牧民精神生活，展示了新一代农牧民群众的精神风貌。

（三）明光市第一届“民生杯”趣味农民运动会

来自12个行政村230多名农民参加了男女定点投篮、三人制篮球、男女麻袋跳、男女背人跑、男女两人中足跑和趣味体育接力赛等比赛。

（四）太湖南岸乡村举行“农耕趣味运动会”

2017年6月18日，联漾村村民参加挑秧苗比赛。当日，一场乡土气息浓郁的农趣运动会在位于太湖南岸的浙江省湖州市吴兴高新区联漾村举行，上百名村民选手在水田中举行抓鱼、推秧凳、拔秧、挑秧、插秧等一系列趣味赛事。此次农趣运动会吸引了全村数百名农民赶来参赛观赛，活动紧扣农耕、农情、农趣，勾起了大家对昔日田野耕作生活的深情追忆。

（五）江苏海安大公镇第55届北凌农民体育运动会

2018年4月29日上午，全国农民体育运动的发祥地——海安县大公镇第55届北凌农民体育运动会隆重开幕。北凌农民体育运动会久负盛名，多次被评为“全国群众体育运动先进集体”，被比喻为“第二个春节”，至今已连续举办55届。

20世纪60年代初期，原北凌乡政府积极倡导农民在田间地头开展各项体育活动，扁担拔河、树木爬高、竹篮投球、老年太极拳等运动项目应运而生，开北凌农民体育活动之先河。随着时代变迁和经济发展，人民生活水平不断提高，农民群众日益追求健康文明的生活方式，体育活动的内容也更加丰富。拔河、跳高、跳远、举重、掷铅球、打乒乓球、打篮球、健身操、自行车慢车赛等运动项目也陆续增加到农民体育活动中。北凌农民体育运动通过50多年的传承和发展，已经成为富裕起来的老百姓日益追求健康文明的一种生活方式。